のんきや

MARUTANI
SAKEBAR

そば居酒屋
WASABI 山葵

一位
いちい

KIYA

English pub
英吉利西屋
EGERESUYA

和み酒
鬼灯
hoozuki

元祖
手羽先唐揚

鶏料理
風来坊®

立呑み
お酒の神様

WINE & TAPAS
FUSHIMI BAR

Cigar Club
KANOU

Y.
MARKET
BREWING

天
小島
天ぷらとワイン
TENPURA
&WINE
KOJIMA

大衆酒場ゑびす

大衆酒場
ゑびす

おにぎり
カニコロ

ぎょうざの美鈴

純米酒と本格焼酎を味わって知って楽しむ会

酒は純米
燗なら
なお良し

名古屋の酒場

大竹敏之

はじめに

酒場に足が向くのはどんな時だろう？
大切な人といい時間を過ごしたい時、
気の合う仲間とわいわい騒ぎたい時、
とにかくおいしいものを飲んで、食べたい時、
むしゃくしゃして嫌な気分を紛らわしたい時、
ただもう１人になりたい時、
いやもう特に理由などなくて
窓の外から見えた美人の横顔に惹かれてついふらふら、
さらにはそんな動機すらなく
気づいたら知らない店で酔っぱらっていて…。

大竹敏之

こんなふうにいろんな時と場合を並べてみると

酒場はいつだって人を受け止めてくれる

懐の深い場所だということに気づく。

この本では、先に挙げたような様々な時に使える

名古屋とその周辺の酒場を飲み歩いて探し、

そして紹介しています。

さらにはあなただけの理由や動機、さらには勢いで

足を向けたくなるそんな酒場を

この本をきっかけに見つけてもらえたなら

私も夜な夜な飲み歩いた甲斐があったというものです。

とっておきの店、便利に普段使いしたい店、

理由はないけど何となくまた行っちゃう店…。

是非、いろんな酒場と出会ってください。

おしながき

第6章 ロケーション酒場

市場／横丁／地下街／高架下

第7章 カルチャー酒場

音楽／本／煙草

第8章 にぎわい酒場

第9章 出張呑み

各ページのアイコンは

瓶ビール　生ビール
日本酒　焼酎
ワイン　口取り
メニュー　系列店

「老舗」という言葉に明確な定義はなく、
業種によっても目安は変わってくる。
酒場の場合は、代替わりして守られていたり、
お客の立場からすると自分が生まれた頃から続いていると
敬意を込めて「老舗」と呼びたくなってくる。
いい飲み方や、時に人生の機微も教えてくれる。
そんなリスペクトできる老舗酒場があれば
人生はまずまず、上々だ。

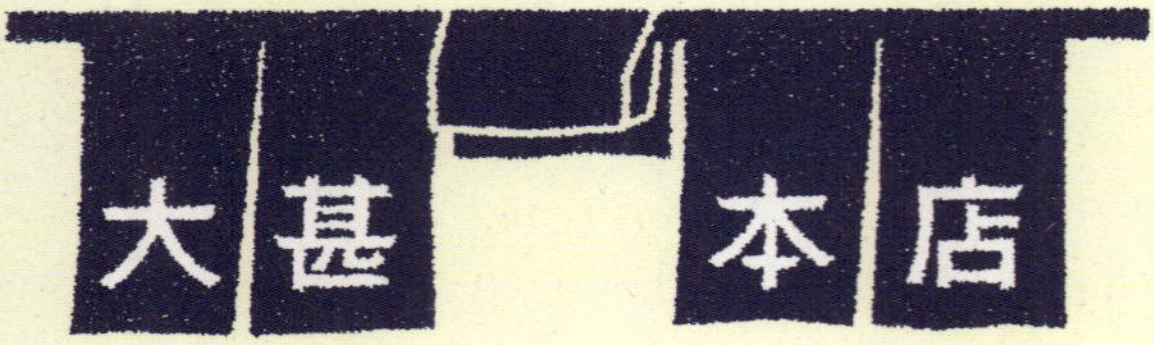

第二章 老舗

第一章

老舗居酒屋

大甚 本店

〝名古屋に大甚あり！〟
明治創業の貫禄に酔う酒飲みの聖地

明治40年の創業で、歴史は実に110年以上！名古屋どころか国内でも屈指の老舗居酒屋であることは間違いない。

だが、古いからスゴいわけではない。何がスゴいって、この超古株の居酒屋が現役バリバリの大繁盛店なのだ。

夕方4時の開店を前に、平日でも店の前に待ちわびるお客が何人も。週末の土曜日はさらにスゴいことに歩道に数十メートルもの行列ができる。のれんが出るのと同時に彼らが一気になだれ込み、120余席ある店内はびっしり埋め尽くされる。この状態が夜9時の閉店間際まで続く。

ケースの上にズラリと並ぶ小鉢・角皿の惣菜は毎日およそ40種類。ほうれん草のおひたし、白和え、うなぎの山椒煮、かしわうま煮、鳥貝の酢味噌和え、もろこの佃煮、黒豆などなど。家庭的かつ名古屋人好みのやや濃い口の味つけで、日本酒にもビールにも合う。

セルフ方式の惣菜だけでなく、鮮魚や焼き物など、オーダー式のメニューもあれこれある。刺身の鮮魚もステーキ肉もどれも上質。惣菜とうまく組み合わせると満足度はググッとアップする。

食材は早朝から柳橋市場に仕入れに行き、午前8時30分から仕込みに取りかかる。ひと通り揃うのはぴったり開店間際。まさにつくりたて。つくり足しはしないので売り切れたらそこでおしまい。売れ残りはほとんどなく、だからこそ200円台〜というお値打ち価格で提供できるのだ。

大甚 本店の歴史

明治初期	初代・山田徳五郎氏が大治村の農家に生まれる
明治40年頃	徳五郎氏、名古屋へ移り居酒屋「大甚」創業
明治42年	2代目・甚一さん 誕生
大正〜昭和初期	敷地を拡張。現在の御園座のあたりまで自宅を含む敷地があった
昭和13年	3代目・弘さん 誕生
昭和20年の半ば	区画整理で土地を接収され、戦中は営業も休止
昭和22〜23年	営業再開。酒は統制品で販売できないため、夏はかき氷、冬は海草めんを販売
昭和23年	酒が自由販売となり、居酒屋として営業再開
昭和26〜27年頃	のれん分けで「大甚 中店」開店（経営は甚一さんの弟）
	「大甚 大須店」開店（時期は不明。後に閉店）
昭和29年	現在の店舗に建て替え
昭和36年	3代目・弘さんが大学卒業と同時に店に入る
	弘さん、良子さんと結婚
昭和37年	4代目・泰弘さん 誕生
昭和38年	セルフ式の惣菜を導入
昭和40年頃	転勤族のお客が増える
平成2年	居酒屋ライター太田和彦氏『居酒屋大全』で「居酒屋の最高峰」と激賞される
平成22年	吉田類『酒場放浪記』で紹介される
平成30年	初めて焼酎、ハイボールを導入

毎日てづくりする惣菜。野菜系250円、肉魚系290円が目安。曜日によってローテーションがあり、うなぎの山椒煮は月金、ポテトサラダ月水金、マカロニサラダ火木土と決まっている

右から3代目の山田弘さん・良子さん夫妻、4代目の泰弘さん・明美さん夫妻

惣菜を並べてお客が自由に取るスタイルは、３代目の山田弘さんが大学卒業後に店に立つようになってから導入したもの。

「大学の学食にならって始めたんだわ。酒飲みはせっかちだもんで料理ができるまで待っとれんでしょう。わしも酒飲みだもんで、酒飲みの気持ちが分かるんだわ」

　店構えは昭和29年に建て替えた当時のままで、昔ながらの大衆的な雰囲気が守られ続けている。ただし、変わらないようでいて少しずつ時代の流れに対応した変化も取り入れている。

「数年前から洋食の要素も取り入れた料理を入れるようにしています」と４代目の泰弘さん。メニューにはゴルゴンゾーラしいたけ、ムール貝酒蒸しなんてしゃれたものも。そして、長らく頑として扱わなかった焼酎、チューハイを出すようになったのも最近で、これは近年増え続けて

だいじん ほんてん

明治40年創業／map …P180

名古屋市中区栄1-5-6

TEL 052･231･1909

127席（カウンター5・テーブル10卓・座敷52人）

OPEN 16:00〜21:00

日祝休

地下鉄伏見駅より徒歩1分

大瓶640円（キリンクラシックラガー）

550円（アサヒ樽生、キリン一番搾り）

1合480円（賀茂鶴）

無

惣菜250円〜、刺身時価、あら煮500円、ムール貝酒蒸し500円、ローストビーフ600円、アジフライ600円

左：大テーブルに相席が基本。見知らぬ人同士でもいつしか会話に花が咲くのも大衆居酒屋の楽しみのひとつ

右：２階はカウンター、テーブル、小上がりで１人飲み、グループ飲みにちょうどいい

地下鉄伏見駅6番出口を出てすぐ。外観は周囲にとけこみ、通り過ぎてしまう人も少なくない

土曜日の開店前はご覧のような行列が

賀茂鶴の蔵出し樽酒。ほんのり檜の香りが漂う

いる若いお客を意識してのこと。「若い人はお酒をあまりたくさん飲まんもんで、それを〝うちは日本酒とビールしかありません〟では満足してもらえんでしょう」と泰弘さん。老舗ではあるが頑固一徹というわけではない。お客が望むものにできるだけ応える、という姿勢は大衆酒場にふさわしい。

そんな心意気に対して、利用する私たちも店の流儀にできるだけ準ずる姿勢でのぞみたい。相席は基本中の基本。夜8時近くにもなると惣菜の大半は品切れになるので、遅めの入店は控える。そして夜9時になったら、女将さんの「今日はもうおしまいで〜す」の号令に素直にしたがい、スパッと切り上げる。意をくみ節度をもって飲めば、老舗との関係性も、変わらないようでいて少しずつ親密になっていくはずだ。

とんやき
上野屋本店

5代目の奮闘と常連の叱咤でよみがえった百年酒場

平成30年11月に四代目が急逝し、翌1月初旬には営業再開を果たした。先代が１人で仕切っていた時代はセルフサービスだったが、現在は店主夫人らスタッフが脇を固めて給仕してくれるように

『中京元祖』って言い方がもう、昔っぽいですよね（笑）」

と店のうたい文句に自らツッコミを入れる店主の上野幸一郎さん。時代がかったキャッチフレーズもさもありなん、「親父の代で100年以上と言ってましたけどはっきり分からないんですよ」と創業年も定かでないほど歴史は長い。確かなのは戦後の2代目の時代に江川線沿いで屋台を営んでいたこと。その後、円頓寺界隈で何度か移転し、現在の場所に落ち着いたのは平成半ばのことだ。

商店街の名物オヤジとして知られた4代目の弘雄さんは平成30年冬に急逝。幸一郎さんは「継ぐ気はさらさらなかったのに、親父が亡くなったら突然〝オレがやらないかん！〟と気持ちが熱くなって、家族に相談もせずに会社を辞めて店を継ぐことにしたんです」という。四十九日の法要に合わせての再開を目指して準備に

とんやき
うえのやほんてん

明治（？）年創業／map …P179
名古屋市西区那古野2-20-21
TEL 052･571･6074

26席（カウンター18・テーブル2卓）
OPEN 17：00～22：00
日祝休
地下鉄国際センター駅より徒歩8分

大瓶750円（サッポロ黒ラベル、サッポロラガー）
600円（サッポロ黒ラベル）
グラス500円（大関辛口）
無
とんやき120円、きもやき120円、さがり160円、みの160円、ねぎま200円、おでん160円、きゅうり浅漬け160円
※価格はすべて税込

左：4代目の弘雄さんの最大の財産がてり。壺と調合法を残してくれていたことで伝統の味が守られた
右：2代目が江川線沿いで営んでいた屋台

名物のとんやき120円ときもやき120円

こってりした味噌がしみたおでんは1種類160円

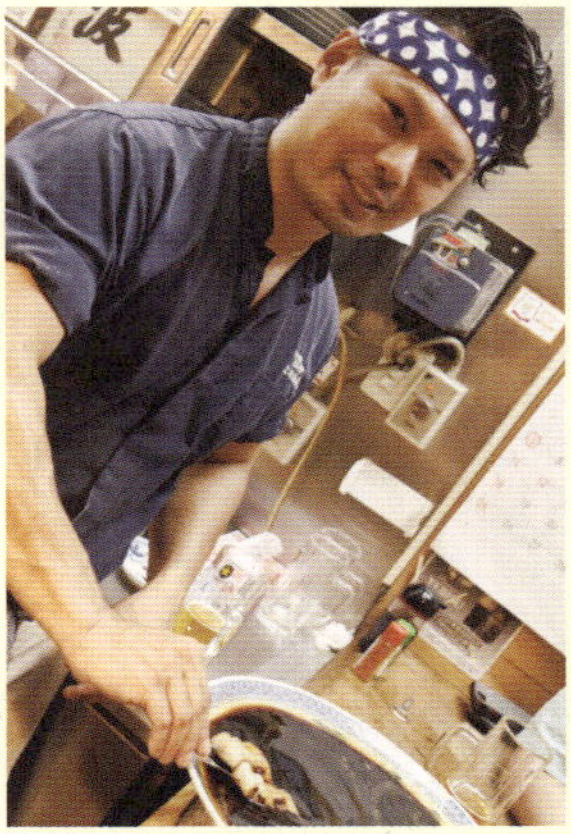

5代目の上野幸一郎さん。安定した会社員生活を捨て〝居酒屋の大将〟に

取り組む中、何より助けになったのは常連たちだった。「親父についていた通称『上野屋会』というなじみの人たちが20人くらいいて、営業再開前に何度も集まってもらい試食してもらったんです。最初はボロクソ言われましたけど、最近やっとほめてもらえるようになりました」

屋台時代はこれだけだったという2本柱、通称「白」（とんやき）「赤」（きもやき）をはじめとする串焼きのてりも父が残してくれた財産。継ぎ足し継ぎ足しで守られてきたこのてりがあったからこそ、長年通う人たちが納得する味を受け継ぐことができたという。

「幸ちゃん、とん2本！」「幸ちゃん、こっちはきも！」と早くも店の顔としてお客の心をつかんでいる5代目。100年酒場の新たな門出に乾杯！

割烹 みどり

食堂、居酒屋、宴会処。粋に使いこなしたい大人の割烹

重厚感あるカウンターが中心にすえられた威風堂々とした大人の居酒屋。右が3代目の竹内崇能さん

昼はコスパの高いランチ目当てのビジネスマンでごった返す。だが、日が暮れてから訪れると、ぐっと渋い居酒屋に変身する…というより本来の姿を見せる。

分厚い檜のカウンター、たっぷり余裕をもたせたテーブルのレイアウト、壁に貼り出されたメニューのたおやかな筆文字、清潔感ある割烹着の料理人、着物姿が板についた女将、そして適度なざわざわ感。前もって予約して、というより、今からちょっと近くで、なんて軽い感じでこういう店をセレクトできると、違いが分かる大人のイメージを醸し出せる気がする。

「祖父が終戦後の焼け野原で屋台から始めました」という3代目の竹内崇能さん。当時からふぐを扱っていたといい、今も冬場の柱はふぐがメインの宴会。3000円～という値頃さもあり、忘年会、新年会は長

かっぽう みどり

昭和20年代創業／map …P181
名古屋市中区栄3-14-29
TEL 052･241･0162

240席
（カウンター7･テーブル7卓･座敷3）
OPEN 11:00〜14:00、
16:00〜22:00
日休
地下鉄栄駅･矢場町駅より徒歩3分

- 大瓶650円（サッポロ黒ラベル、アサヒスーパードライ）
- 550円（サッポロ黒ラベル）
- 1合400円（男山など）
- 300円
- 晩酌セット1600円、お造り盛り合わせ900円、寿司盛り合わせ1400円、名古屋コーチン磯辺揚800円、釜飯1000円、ふぐ刺し身2000円、会席料理3000円〜

ふぐは10〜3月。てっさ2000円、ふぐちり3000円（1人前）など

お値打ちな晩酌セット。生ビールか日本酒＋おつまみ3種がついて1600円。おつまみはてっさ、煮魚、刺身、天ぷら、だしまき卵、鉄火巻きの6品の中からお好みで3品を選べる

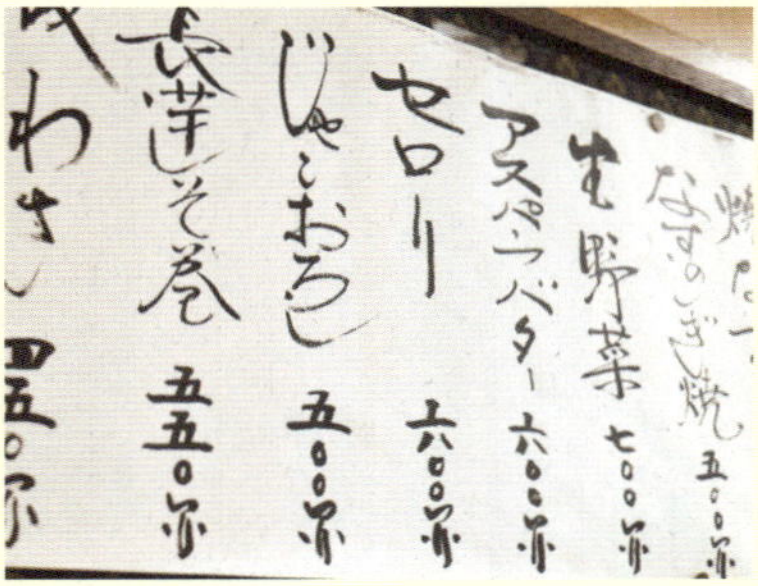

達筆な品書きは女将さんの筆によるもの

年ずっとここ、と決めているひいき筋も多い。もちろん居酒屋メニューにもふぐは登場し、お値打ちな晩酌セットの選択肢にもふぐのてっさが含まれる。

「昼は定食屋、夜は居酒屋。冬はふぐの店。何でもありで、お客さんのニーズに応えてきたことでご支持をいただいてると思います」と大らかに語る3代目。だが、ホテルや専門店で腕を磨いた上で代々やってきたことを守ろうとする、料理人としての姿勢はどっしり地に足が着いている。

庶民的ではあるが品がいい。老舗ではあるがかしこまってはいない。こういう店をさりげなく使いこなせるようになりたい。

ナディアパークにほど近い栄の中心部。2〜4階は宴会用の座敷と広間で、1階が気軽に利用できる居酒屋になっている

美奈登

八丁味噌ダレがたっぷりこってり守り継がれる〝絶メシ〟とんちゃん

店内右がカウンター席、左が座敷に分かれている。カウンターは特にまだ明るいうちからびっしり埋まる

下町風情あふれるホルモン焼肉の老舗。地元の人に愛され続け、開店と同時にカウンターは満席。初めての人はこの風景に気おされてしまいがちだが、大ベテランのおばちゃんの優しい笑顔や若いスタッフのフラットな接客で、常連、一見の垣根なく、焼く・食べる・飲む、に意識を集中できる。

店内はもくもく立ち込める煙でうっすら霞がかかったよう。あちこちの網の上でボッと炎が上がり、同時に香ばしい香りの充満度合いもどんどん増してくる。目の前の七輪で肉を焼き始めると、その時点で汗がダラダラ、煙がしみて目がチカチカ。だが、この熱気が食欲と飲み気に拍車をかける。

名物のとんちゃんは八丁味噌ベースの味噌ダレがたっぷりからめてあり、こってりまろやか。新鮮ぷりぷりで、柔らかいけれどシャキッと噛み

みなと

昭和32年創業／map …P186
名古屋市瑞穂区平郷町2-6
TEL 052・872・2022

54席（カウンター20・テーブル1卓・座敷7卓）
OPEN 16:30〜22:00
月・第3水休
JR 熱田駅、地下鉄瑞穂区役所駅より徒歩20分

大瓶590円（キリンラガー）
生大740円（キリン一番搾り）
グラス380円
焼酎ハイボール410円
無
とんちゃん320円、きも320円、しんぞう390円、なんこつ390円、牛タン730円、カルビ730円、焼野菜270円
※価格はすべて税込

左：希少部位のこめかみは数量限定。これ目当てなら早めの来店を
右：ピンク色で見るからに新鮮なとんちゃん。秘伝のレシピは創業者の児玉愛治さん・えいこさん夫妻がつくり上げたもの

座敷席はグループやファミリーが中心

きれいにサシが入った牛さがり

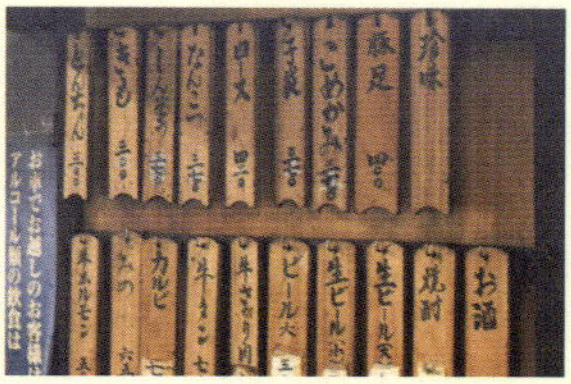

「美奈登」という店名は、創業者が懇意にしていた中村区にあった飲食店の名前を分けてもらったのだそう

応えがある。他ではめったに見かけないこめかみもアッという間に売り切れる大人気メニュー。とろけるように柔らかい上に弾力があり、おろし生姜をからめるとさっぱりと食べられる。一人前はアルミ皿にいっぱいで300円〜。二度の改元がウソのような昭和価格で、庶民に優しいプライスも守り続けられている。

平成20年代に創業者の体調不良で一時休業していたが、およそ1年で復活。「この味をなくしてはいけない。何としても守っていきたい」（代表の川邉宏光さん）という熱い思いで秘伝のレシピが受け継がれた。いつまでも守り続けたい名古屋を代表する絶メシ（絶対残したい絶品グルメ）だ。

開店前に炭にしっかり火をおこしてあり、網に肉を乗せると勢いよく炎が上がる

とん吉本店

2代目ママの笑顔が似合う港町の人情酒場

2枚のカウンターが向かい合って並ぶ。入口も左右で分かれているのが面白い

「伊勢湾台風の前からやってる、って聞いてるから、昭和30年代前半じゃないかしらね」

と笑うママさんこと岡村典子さん。昭和51年に嫁いできた当時、既に開店から20年近くたっていたそう。

築地口商店街の一角で、かつては港湾関係者でにぎわった。荒っぽい海の男が多く、「接客は番頭さんがやってくれていて、私は怖くて厨房から外には出られなかったのよ」とふり返る。

〝店の顔〟として表に出てきりもりするようになったのは平成の初め頃。ちょうど港の物流の中心が金城ふ頭へ移って、お客がホワイトカラーや地域の住民へと変化していた時期。それまでの手早く食べられる串物中心から、手づくりの惣菜を増やしていった。どて煮はその象徴。赤味噌と粒入りの豆味噌の合わせで、名古屋で一般的な茶色くこってりし

とんきち ほんてん

昭和30年代創業／map …P184
名古屋市港区名港1-20-11
TEL 無

30席（カウンター18・テーブル3卓）
OPEN 17:00〜23:00
土休
地下鉄築地口駅より徒歩1分

大瓶500円（キリンラガー、アサヒスーパードライ）
生中450円（キリンラガー）
1合300円（灘蔵）
無
どて煮300円、とん焼（3串）250円、つくね（2串）400円、ピーマン焼き（3串）300円、串かつ（3串）250円、串の盛り合わせ（6串）550円、串かつ定食550円、おにぎり3個350円

左：どて煮はほろほろぷるぷる。甘酸っぱいらっきょうと交互に食べるのがおススメ
右：てりの効いたタレがたっぷりの串焼き。手前からとん焼きとつくね

たきたてご飯で握るおにぎり

今時珍しい蠅取り紙が天井から下がる

ママさんの明るい笑顔に惹かれて通う常連も多い。店先の焼き場では息子さんが汗を流す

たものと違い、味わいも優しい。

串物のタレはてりたまりに2種類のザラメを加え、コクがありつつキレもある。継ぎ足しで使い続けているが、「レシピなんて教わってないから、お義父さんの味を勘で引き継いでるの。でも、昔は力仕事の男の人相手だったからもっと辛かったかも。私流に勝手に変えちゃってるのよ」とまたあっけらかんと笑う。

カウンターは「コ」の字ではなく「ニ」の字で向かい合う。「昔はカウンターごしに〝目が合った〟とケンカを始める人もいたけど、今はあっちとこっちで顔を合わせたのをきっかけにお友だちになるお客さんも多いのよ」とのこと。店の構えこそ昔のままだが、客筋と空気はママさんの笑顔を反映したものになっているのだ。

お勘定は年代物のコインカウンターで。ママさんいわく「打ち間違えがなくてレジスターよりずっと使いやすい」とか

英吉利西屋

働き者の名古屋人が元気に飲み、語る
老舗ブリティッシュパブ

開業当時から変わらない英国調の調度品でまとめられた店内。深い時間帯になるほど活気が増してくる

伏見は名古屋きってのオフィス街だけあって、いい飲み屋が目白押しだ。一軒目は食べたいものや相手によってその都度チョイスするが、２軒目は迷わずここが伏見の黄金コース。界隈で勤めた経験があるなら、上司や先輩に連れられて、ここで初めて背伸びした気分を味わったという人も少なくないだろう。

レンガにツタがからまる入口から地下へ。ステンドグラスがはめ込まれた扉を開けると重厚な調度品に囲まれた空間が広がっている。夜が更けていくにつれテーブルの大半が職場の仲間同士といったグループで埋まり、１人、２人客はカウンターへ。誰もが快活に語り、飲む景色を目の当たりにすると、日本の働き盛りはまだまだ元気じゃないか！という気にさせられる。

「イギリスのパブに憧れて、名古屋にもこういうスタイルのお店をつく

えげれすや

昭和49年創業／map …P180

名古屋市中区栄1-5-8

TEL 052･221･1738

110席（カウンター12・テーブル13卓・個室1室）

OPEN 17:30～深夜0:30LO

日・祝休

地下鉄伏見駅より徒歩1分

650円（キリンブラウンマイスター、サッポロ黒ラベルなど）

ウイスキー ショット 000円～

無

ガーリックトースト250円、フィッシュ＆チップス900円、ソーセージの盛り合わせ900円、アンチョビとオリーブのピザ900円、パスタ950円、ローストチキン1150円、英吉利西屋ハンバーグ1000円

左：1ピースから注文できる唐揚げは名物のひとつ。1p150円。

右：ウイスキーは約100種類。シングルモルト、バーボン、アイリッシュ、テネシー、日本など各種を幅広く取りそろえる

入口横のカクテルバーは落ち着いた雰囲気で飲める

生ハムやピザなど、前菜から食事ものまでを用意する

「近隣のオフィスの方や外国人の方までお客様の層は店を始めた頃からあまり変わりませんけど、最近はちょっと若い方が増えているかしら」とママの宮里祐子さん

りたいと思ったんです。インテリアは本場イギリスの現地で買い付けてコンテナで送ってもらいました」とママの宮里祐子さん。

酒はモルト系ウイスキーのラインナップが充実。皮の表紙のメニューブックは世界の酒にまつわるうんちくもつづられ、1人の際はこれをめくりながらグラスを傾けるのもいい。

フードはオードブルからピザやパスタといった食事モノまでまんべんなく揃い、先に「2軒目は～」と書いたが、しっかり食べたい時でも十分満足できる。にぎやかさから逃れたい時には入口横のカクテルバーで静かに飲めるし、大勢でわいわいと飲みたいなら地下の個室を貸し切ることもできる。幅広いTPOに応えてくれるブリティッシュパブは、働き者の名古屋人に明日への活力を与えてくれる強い味方だ。

大江戸

和洋多彩な創作料理を日本酒、ワインに合わせて

味噌おでんは屋台当時から受け継がれる味

店主の水野さんを囲むカウンターを中心に飲み方を知る大人のお客が集まる

終戦後の屋台がルーツ。店主は東京出身かと思いきや店名の由来は意外。「祖母が屋台を始めた頃、祖父が大東京火災に勤めていたのでこの店名にしたんです」と3代目の水野雅裕さん。当時は女将の名前を店の名にするケースが多く、差別化を図るのが狙いだったそう。

味噌おでん、味噌串カツは屋台時代からの伝統の味。加えて和洋の多彩な創作メニューも。「何でもありが居酒屋のいいところ。日本酒、焼酎、ワインと自分の酒の好みが広がるのに合わせて料理の種類も増えていったんです」と水野さん。店先には「二次会のお客様の入店を固くお断りします」の貼り紙があり、気難しい店かと思われがちだが、メニューを見ると日本酒ならこれ、次はワインに合わせてこれ、とあれもこれも注文したくなり、おなかを空かせて訪れないともったいない。二次会NGのルールはむしろお客を後悔させないための親切心から来るものなのだ。

おおえど

昭和23年創業／map …P182
名古屋市中区大須3-8-26
TEL 052・251・1951

24席（カウンター10・テーブル2卓・座敷6人）
OPEN 17:00〜23:00
日月休（祝は不定休）
地下鉄矢場町駅より徒歩3分

大瓶600円（キリンクラシックラガー、アサヒスーパードライなど）
グラス450円（菊正宗）
無
味噌串カツ100円、味噌おでん150円〜、甘海老のからすみあえ900円、ポークリエット750円

カニクリームコロッケなどワインと合わせたくなる洋食メニューも豊富

第一章 老舗居酒屋

大須亭

庶民の町・大須に根を下ろし 70余年の正統派大衆居酒屋

大皿が並ぶカウンター

店主の太田和市さん(左)以下、若いスタッフが店を盛り立てる

大須のシンボル・巨大招き猫のすぐ近く。赤ちょうちんと炭火焼の香ばしい煙が行き交う人の足を止める。いかにも大衆的なムードが漂う、正統派の居酒屋だ。

創業当時から変わらない備長炭を使う焼き鳥は、素材の持ち味を活かして香りよく焼き上げる。大皿料理から鮮魚、元寿司職人の板長が握る寿司まであり、品揃えは幅広い。

店主の太田和一さんは2代目。「若い頃は営業マンで全国を飛び回りながら行く先々で居酒屋を飲み歩いてたんですわ。かみさんの父がここの常連で、縁あって引き継ぐことになったんです」。以来、長年焼き場を守ってきたが、現在は常連の相手役に徹し、調理や接客は若いスタッフが中心になり活気ある雰囲気だ。

名は体を現す。ゆるやかな新陳代謝によって新たな活力がもたらされているところも、変化し続けながらも大衆に愛される町・大須にふさわしい。

おおすてい

昭和21年創業／map …P182

名古屋市中区大須3-44-22

TEL 052･242･0138

48席（カウンター14・テーブル3卓・座敷20人）

OPEN 17:00～深夜0:00（LO23:00）、日休

地下鉄上前津駅より徒歩1分

大瓶620円（キリンラガー、サッポロ黒ラベルなど）

550円（サッポロ黒ラベル）

1合400円（ねのひ）

250円

若鶏ねぎま（2本）370円、手羽先（5本） 580円、寿司盛り合わせ1000円、玉子ぞうすい550円

焼き鳥をメインにすえた路線を守りながらお客のニーズに合わせてメニューの幅を広げてきた

きも善

今池居酒屋界の頂点に君臨する絶対王者

2代目のケンちゃんこと田中兼二さん。居酒屋店主にしてプロレスラー

店は7坪の焼き鳥屋からスタートし、2度の移転拡張で創業時の10倍のスケールに

名古屋一ディープな町、今池。中でも最も濃い町への愛情を感じられるのがここ。スタッフが着用するTシャツの『今池ハードコア』の文字がそれを象徴する。

このキャッチコピーが誰よりも似合っているのが店先で焼き鳥を焼く、2代目の田中兼二さん。またの名を商店街公認団体、今池プロレスの絶対王者・マグナム今池だ。

「今池あっての今池プロレス。今池あってのきも善。プロレスや店を通して、生まれ育ったこの町をもっと楽しくしたいんです」とあふれる地元愛がメニューにも表れている。創業当時からのタレが決め手の焼き鳥をはじめメニューはどれもお値打ち。きも善バイアグラと名付けられたスタミナ料理もネーミングセンスからして下町の大衆居酒屋らしい。ちょっと下世話なざっくばらんさがあり、安く飲んで食べて楽しくなれる。今池居酒屋界の絶対王者と呼ぶにふさわしい一軒なのだ。

きもぜん

昭和35年創業／map …P183
名古屋市千種区今池1-14-1
TEL 052・733・5868

138席（カウンター18・テーブル9卓・座敷80人）
OPEN 17:00～深夜0:00
（祝・振替休は～22:00）、日休
地下鉄今池駅より徒歩3分

- 大瓶530円（キリンラガー、キリンクラシックラガー）
- 530円（キリン一番搾り）
- 1合350円（神杉）
- 無
- きも焼（2本）230円、串焼きの盛り合わせ（5本）580円、串かつ（2本）250円、どてめし500円

串焼きは2本230円～とお値打ち

たか

笑顔で山盛り。四つ角の愛され酒場

同じ今池にありながら「きも善」のようなこてこてムードは薄く、常連には転勤族も多いそう。いつも笑顔のマスター、田中裕之さん

今池の中心部からやや外れた四ツ角にある

この店を利用する時には注意した方がいいことがふたつ。まず、いつも満席でなかなか入れない。そして、料理がやたらボリュームがある。名物の刺身ちょい盛りセットはネタ5種で690円とちっとも〝ちょい〟じゃない。チャーハンはSサイズでもお椀2杯分はゆうにありそうで、うっかり〆に注文するとお腹がはちきれそうになる。

「僕が食いしん坊だもんで、よその店で食べると〝こんだけ？〟と思っちゃうことが多くて、うちではそう思われたくないんだよね」と笑う店主の田中裕之さん。母親が昭和29年に始めたクラブが始まりで、昭和51年に居酒屋に。田中さんはその当時から店を手伝い、平成の中頃にマスターに。その頃から鮮魚に力を入れるようになり、料亭や高級寿司店も利用するすぐ近くの鮮魚店から同等のネタを値打ちに仕入れている。居心地のよさにもつられ、つい長居をしたくなるのでこちらもご注意を。

たか

昭和51年創業／map …P183
名古屋市千種区内山3-31-11
TEL 052･731･6807

44席（カウンター17･テーブル5卓）
OPEN 17：00～22：30
第2土･日祝休
地下鉄今池駅より徒歩2分

大瓶580円（アサヒスーパードライ、サッポロ黒ラベル）
520円（アサヒスーパードライ）
1合520円～（ひかり百春など）
490円
450円
串焼400円、煮物480円、煮物2種盛り560円、おでん160円

刺身は鮮度抜群でお値打ち。写真はちょい盛りのアレンジバージョン

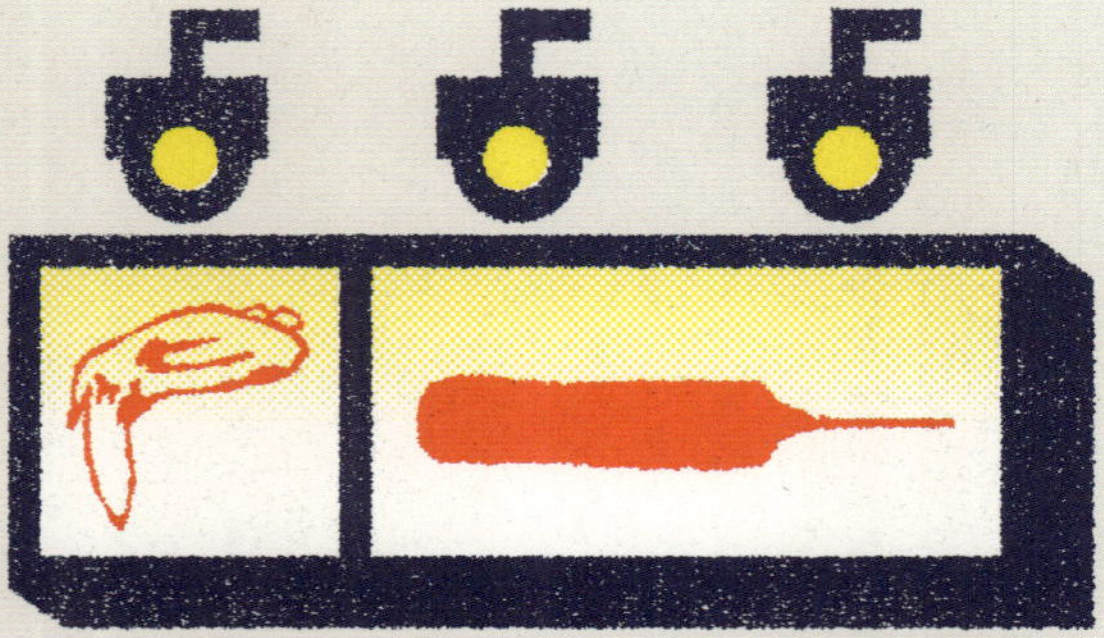

第二章

名古屋めし

名古屋はご当地グルメの宝庫。
地域特有の食べ物は「名古屋めし」と総称される。
その中には酒場が発祥のものも少なくなく
どてや味噌串カツ、手羽先が代表例。
当然、酒との相性もよく、
酒肴として大いに楽しめる。
酒場から生まれた名古屋めしで
この地域の食文化の奥深さを味わいたい。

味噌おでん 島正
どての品川
とんちゃんや ふじ
世界の山ちゃん
當り屋
本店
味噌串カツ

手羽先

甘辛タレ&ピリッとスパイシー 世界でウケる名古屋発TEBASAKI!

風来坊の手羽先唐揚は１人前（５本）500円。写真は3人前

きっかけは発注ミス。ケガの功名で生まれた名古屋名物

名古屋の居酒屋の定番、手羽先。誕生のきっかけは発注ミス。昭和30年代、熱田区の居酒屋「風来坊」では、若鶏の半身を揚げたターザン焼きが看板商品だった。ところが、ある日注文が通っておらず鶏肉が仕入れられない事態に。しかたなく、養鶏場の片隅に山積みされていた手羽先を分けてもらうことにした。身が小さい上に骨が多い手羽先は当時は肥料やダシ用にしか使われていなかったが、ターザン焼きと同様に調理すると、小さい分タレが全体に行きわたり、手づかみでかぶりつく食べ方も大衆的な酒のつまみとして大いにウケた。

手羽先はまたたく間に風来坊の大ヒットメニューとなり、同社がチェーンとして勢力を拡大するにともなって他の居酒屋にも広がり、名古屋を代表するご当地グルメとなったのだった。

風来坊

のれん分けシステムで約150店
オリジナルのタレは門外不出

店名は、地元を飛び出した流れ者が始めた店、の意味とか

風来坊名駅新幹線口店の様子

「手羽先の元祖」をうたう名古屋発祥の居酒屋チェーン。九州出身の創業者、大坪健庫会長が昭和38年に8坪の店からスタートした。

調理法は唐揚げだが、衣がついたものとは違い、素揚げした後でタレを塗り、スパイスをふりかける。衣がないためにヘルシーで何本も食べられるのだ。同社では平均して1人2・5人前(=12～13本)は食べるという。

現在は全国に約150店舗を展開。名古屋市内では20店。近年は北海道や関東、関西、九州など他地方での多店舗展開が目立ち、アメリカにも20店近くがある。フランチャイズチェーンではなくのれん分けで、3年以上修業した者が独立し出店できる。門外不出のタレを使う手羽先以外は比較的自由度があり、店舗によってオリジナルメニューがあるので、名古屋人ならお気に入りの風来坊を何軒かマイリストに入れておきたい。

ふうらいぼう めいえきしんかんせんぐちてん

平成22年開店／map …P179
名古屋市中村区椿町9-19
TEL 052・459・3955

200席（カウンター8・テーブル24卓・個室11室）
OPEN 16:00～深夜0:00
不定休
地下鉄名古屋駅より徒歩3分

中瓶530円（サッポロ黒ラベル）
530円（サッポロ黒ラベル）
250円
手羽先唐揚500円、手羽ギョーザ580円、チキンみそ串カツ（2本）390円、コーチン串焼き300円
風来坊 岩塚店、東桜店、伏見駅店、伏見店、栄店、錦店 他

手羽先の原点ともいうべきターザン焼き。昭和30年代当時、ターザンの映画がはやっていたことから名づけられた。1200円

手羽先

パンチ力抜群のスパイシーさでビールが進む山ちゃんマジック！

世界の山ちゃんの幻の手羽先1人前5本480円。写真は5人前

いち早い全国展開で手羽先を名古屋名物に

　手羽先が押しも押されもせぬ名古屋名物となったのは、元祖である風来坊のフォロワーがいくつも現れポピュラーになったこと、そしてそれぞれが個性を競い合って食べ比べる楽しみができたことだと考えられる。その象徴が「世界の山ちゃん」だ。関東など地元以外にも早くから進出し、〝手羽先＝名古屋名物〟のイメージを定着させた貢献度は大きい。

　パンチが効いたスパイシーさは一度食べたら忘れられないインパクトを持っている。ピリッと辛い割に、コショウをベースにした配合の妙で刺激が口に残ることはないのも特徴。おかげで1本また1本と手が伸び、さらにビールもグビグビ進む。これぞ山ちゃんマジック！

　ブーメラン型の形状も風来坊とは異なり、形だけで両者を見分けられると名古屋人として一目置かれるかも。

世界の山ちゃん

元祖も認めたオリジナリティ
味もイメージもインパクトあり

キャラクターの鳥男が目印

万国共通の味でインバウンドにも人気

昭和56年、新栄で創業。1号店の「串かつ・やきとり やまちゃん」は4坪13席の屋台に近い小さな店だった。

創業者の故・山本重雄元会長は、独立前に勤務していた居酒屋チェーン時代、風来坊の店長に調理法を教えてもらったことを生前に公言。そこから工夫を重ねて、オリジナルの山ちゃんテイストをつくり上げたことで、元祖にも認められる存在となった。

テイクアウト含め、現在は名古屋市内32店をはじめ、全国75店を出店。幻の手羽先をメインにしつつ、総合居酒屋ともいえるほどメニューは豊富。みそ串カツやどて煮から海老天むす、ざるきしめん、あんかけスパゲッティ、鉄板ナポリタンまで名古屋めしが数多く揃うことでも、観光客にとってありがたい存在となっている。

せかいのやまちゃん ほんてん

昭和56年創業／map …P181
名古屋市中区栄4-9-6
TEL 052･242･1342

144席（カウンター12･テーブル36席）
OPEN 17:30～翌0:45
（日祝は17:00～23:15）
無休（年末年始を除く）
地下鉄栄駅より徒歩5分

大瓶650円（アサヒスーパードライ）
中瓶550円（サッポロラガー〈赤星〉）
中ジョッキ490円（ザ・プレミアムモルツ〈香るエール〉）
1合580円（大名古屋）
無
幻の手羽先480円、どて煮390円、みそ串カツ330円、どて飯450円
世界の山ちゃん 駅西4号店 他

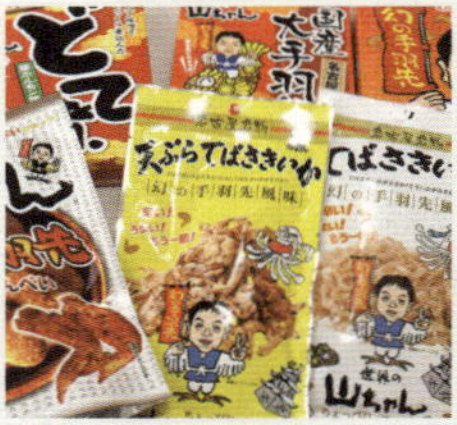

酒のつまみからスナック、レトルト食品までおみやげ商品もたくさん。キヨスクなどで買える（商品の一部は販売終了）

味噌おでん

こってり味噌の魅力が芯まで通る 屋台時代からの居酒屋の大定番

島正のどて焼き(味噌おでん)は1本150円〜。盛り合わせは5種類で1250円

東海地方限定の豆味噌だからこそ生まれた真のご当地グルメ

おでんといえば味噌おでん。名古屋および東海地方ではこれは常識。コンビニのおでんにも小袋入りの味噌がついてくる。

味噌おでんには2種類がある。醤油ベースの昆布ダシで炊いた関東煮に味噌や味噌ダレをつけるタイプはコンビニや家庭で一般的。食堂や居酒屋では味噌でぐつぐつ煮込んで味をつけるものが多い。

おでんのルーツは豆腐の串焼きに味噌を塗った平安時代の味噌田楽といわれる。当時から食されていた豆味噌をこの地域だけが守り続けているため、味噌おでんが地域限定で普及していると考えられる。また、豆味噌には、麦味噌と違い、煮込んでも風味が損なわれず逆にコクが出ておいしくなる特性がある。味噌おでんは、地域特有の調味料があるからこそ生まれ、愛されてきた正真正銘のご当地グルメなのだ。

島正

八丁味噌の魅力がしみ込んだ絶品のどて焼き＝味噌おでん

自慢のどて焼きは2代目・喜邑定彦さんの不断の努力の結晶

店名はもともと「きむらや」だったが、新国劇のスター役者・島田正吾がひいきにしのれんを贈ってくれた縁で、昭和30年代後半に「島正」に改名された。屋台廃止にともない伏見に移転し、平成24年に現在の店舗に移転した

ここでは味噌おでんのことを「どて焼き」と呼ぶ。「味噌を鍋のふちに土手のように盛り、焦がしながら煮込むことからこう呼ぶようになったんです」と店主の喜邑定彦さん。おでんでは定番のはずのねりものは使わず、具は大根、玉子、豆腐、こんにゃく、里芋。味噌の持ち味を存分に堪能できるよう、それ自体には味がついていない具だけを選んでいる。味噌は岡崎・まるやの八丁味噌のみ。「味噌屋さんがおいしいと自信を持ってつくってくれているのだから、混ぜ物などする必要はないんです」と醸造元へ全幅の信頼を寄せる。

戦後の屋台が発祥で、当時からどて焼きはあったが、これを目玉にすえるようになったのは昭和50年代以降のこと。2代目の喜邑さんが独自に研究を重ねて現在の味を完成させた。名古屋の食文化の根幹を成す豆味噌、その魅力を余すところなく伝えてくれる名店だ。

しましょう

昭和24年創業／map …P180
名古屋市中区栄2-1-19
TEL 052・231・5977

40席（カウンター20・個室1室）
OPEN 17:00～22:00
土日祝休
地下鉄伏見駅より徒歩2分

中瓶600円（サッポロラガー、キリンクラシックラガー）
600円（エビス）
1合700円（加茂鶴）
700円（直会）
席料500円
どて焼き大根300円、豆腐150円、牛すじ300円、串カツ150円

どて焼きと同じ味噌をたっぷりつける味噌串カツ1本50円

どて

味噌の風味が柔らかいスジを包む
もつの豆味噌仕立て

どての品川のぷりぷりのどて。写真は味噌味で1本100円

串物でも小鉢でも　居酒屋の試金石的一品

牛や豚のスジ肉を煮込むどて。全国各地にあるもつ煮の豆味噌仕立てともいうべき一品だ。先の味噌おでんも〝どて〟と呼ぶように、「どて」と「味噌おでん」の境は時に曖昧だが、一般的にはスジ肉を煮込んだものをどてと呼ぶ。

　店の提供方は二通りがある。スジ肉を串に刺したもの、そして鍋から小鉢によそうもの。屋台では前者が、座りの居酒屋では後者が多い。小鉢のどてには大根やこんにゃくなどが一緒になっているケースも少なくない。ご飯にかけたどてめし、どて丼もバリエーションのひとつ。元は同じ料理なのに、それぞれ印象が大きく異なるのも面白い。

　スジ肉を味噌の風味が包み込み、酒の肴にぴったり。味噌の配合、スジの鮮度や処理法によって店ごとの味の違いも大きく、店の味が自分の舌に合うかの試金石にもなる。

どての品川

60年継ぎ足しのどての妙味
下町の立ち飲みで味わう

焼き場を受け持つ3代目の大田修二さん

赤ちょうちんとトタン貼りが下町情緒満点。座敷席もあるが立ち飲みのカウンターが特等席

八丁味噌ベースで肉のダシを加えた味噌ダレは創業以来継ぎ足しているもの。もつは毎朝固まりで仕入れて丁寧に下処理した上で串に刺す。柔らかくもぷりっと弾力があり、味噌ダレは甘めだが後味はさらりとしている。もうひとつ、醤油ベースのてりもあり、こちらはとろみがあって上品で味わい深い。どてと串カツはこの味噌とてり、2つの味で楽しめる。珍しいもつの唐揚げ、とんあげもあり、こちらは鶏皮のようなパリッとした食感が小気味いい。

堀田界隈は製造業の町として栄え、今も大小の町工場が多い。創業60年を迎えたこの店はトタン張りの構えで、かろうじて残る往時の下町風情を今に伝える。名古屋駅から名鉄電車で10分、堀田駅からさらに歩いて10分。名古屋らしいどての妙味と立ち飲みの情緒を求めて、ぶらりと足を延ばしたい。

どてのしながわ

昭和34年創業／map …P186
名古屋市瑞穂区下坂町1-23
TEL 052･881･5529

32席（カウンター8・テーブル2卓・座数4卓）
OPEN 17:30～22:00
(LO21:40)、日休
名鉄堀田駅より徒歩10分

大瓶600円（アサヒスーパードライ）
600円（アサヒスーパードライ）
コップ500円（誠鏡、吉）
キャベツ小50円、大100円
どてやき100円、とんやき100円、串カツ100円、とんあげ100円、ねぎまフライ170円、とんしお100円、ねぎま140円

店先の鍋も味噌とてりの2種類が並ぶ

味噌串カツ

戦後の屋台で生まれた名古屋の居酒屋の必須メニュー

どて味噌をたっぷりしみ込ませた営り屋の味噌串カツは１本130円。水・土曜は何と串カツ半額デー

豆味噌の特性を活かした庶民の発明グルメ

串カツの発祥は大正末期～昭和初期の大阪といわれ、ガテン系の人向けに手軽に食べられるよう考案されたとされる。この串カツが、名古屋で味噌串カツに変化したのは戦後の屋台。どての鍋に串カツをつける食べ方がいつの間にか広まったというのが定説だ。ここから洋食の味噌カツに進化したとの説もあるが、トンカツに味噌ダレをかける食べ方は戦前に既にあったとの文献もありどちらが先だったかは定かではない。

東海地方特産の豆味噌は、油との乳化性が高く肉などのうまみを相乗的に高める特性がある。すなわち油で揚げたカツと相性がよいため、あちこちでカツ＋味噌の組み合わせが自然と生まれたと考えられる。味噌串カツはどて、味噌おでんと同様に、ご当地の味噌があってこそ誕生した郷土の味なのだ。

参考／「愛知の豆みそ公式サイト」

當り屋本店

八丁味噌に甘み、うまみを加え衣にた〜っぷり

現店舗は平成2年、千種区役所近くから移転した

2代目の山梨輝男さん。現在は2人の娘さんと一緒に店に立つ

戦後の屋台発祥とされる味噌串カツは〝元祖〟を特定するのが難しい。だが、ルーツのひとつといって差し支えないのが、戦後間もなく屋台から始まったこの「當り屋本店」だ。

「揚げおきしていた串カツが冷めてしまうため、〝どての鍋につけましょうか〟と提案したのが始まり。これが評判になり、店の名物になりました」と2代目の山梨輝男さん。

どては八丁味噌にザラメを加え、国産の牛もつから出るダシでうまみもしっかり。酒のつまみのため甘さはやや控えめにし、八丁味噌ならではの渋みやほろ苦さを活かしている。見た目は黒に近いこげ茶色。このどて味噌を、サクッと揚げた衣が少しふにゃっとするくらい、たっぷりとしみ込ませる。肉は大ぶりで、柔らかくもぷりぷりと歯ごたえが。味噌のこってり具合の効果で、ソースの串カツよりはるかに食べごたえがある。

あたりや ほんてん

昭和23年創業／map …P183
名古屋市千種区向陽1-12-29
TEL 052･761･7033

50席（カウンター12・テーブル8卓）
OPEN 17:00〜23:00
(LO22:10)
日、連休になる祝日休
地下鉄池下駅より徒歩5分

大瓶590円（キリンクラシックラガー、アサヒスーパードライ）
490円（キリン一番搾り）
1合370円（菊正宗）
無
串カツ130円、味噌おでん110円、厚切り豚タン串190円、手羽先唐揚げ420円、串盛り700円

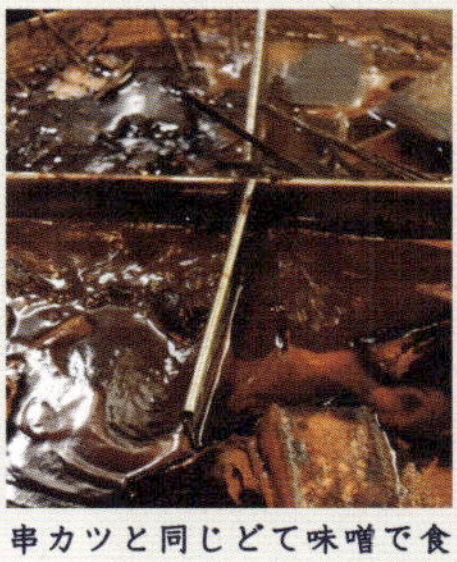

串カツと同じどて味噌で食べるどてやき、味噌おでんも外せない

名古屋コーチン

尾張のモノ作り精神が生んだ貴重なごちそう食材

鳥勢のコーチンの串焼き1本460円。身がしまっていて噛みごたえがあり、味わいにコクがある

味も食感も格別。シンプルな調理法で

B級グルメが多い名古屋めしの中で、ごちそう感、高級感のある貴重な存在が名古屋コーチンだ。

尾張地方では江戸時代から武士が内職で鶏を飼うことが多く、名古屋コーチンの生みの親である海部兄弟も旧尾張藩士。彼らは試行錯誤の末に品種のかけ合わせに成功し、国産ブランド第1号となる名古屋コーチンを生み出した。その後、全国に普及して〝かしわ〟の代名詞に。戦後は海外産に押されて絶滅寸前となるも、農業関係者らの努力によって復活。昭和50年代後半から再び市場に出回るようになっている。

肉質がよく、うまみも濃い。おまけに卵もよく産む。育成に時間がかかる分価格は高いが、食材としては魅力にあふれている。焼き鳥や鍋などシンプルな調理法ほど、身がしまって味わいも濃厚な素材の持ち味を堪能できる。

鳥勢

名古屋コーチンの持ち味活かす
風格漂う大人の居酒屋

店主の伊藤彰悟さんの背筋のピンと張ったたたずまいが店の空気を引きしめる

町屋風の構えにも風情がある

名前の通り鳥料理をメインとし、とりわけ名古屋コーチンに力を入れている大人の居酒屋。独自に契約している養鶏農家から、一般的な鶏肉のおよそ2倍の期間をかけて育てた熟成鶏を仕入れる。「串焼きならジューシーなうまみ、鳥刺しなら弾力のある歯ごたえ、鍋なら鶏ガラスープから出る深いコク。調理法によって多彩なコーチンの魅力を味わっていただけます」と店主の伊藤彰悟さん。奇をてらわない王道の調理法で、素材の持ち味を存分に引き出すことを重視している。

朝挽きの三河地鶏を使ったメニューもあり、こちらも十分においしいが、コーチンはさらに食感や味わいのクオリティが高い。それぞれ注文して食べ比べることで、名古屋コーチンの実力を体感してもらいたい。

とりせい

昭和55年創業／map …P181
名古屋市中区錦3-19-24
サンステンドビル1・2階
TEL 052・951・7337

75席（カウンター18・テーブル2卓・座敷45人）
OPEN 11:30～13:30、17:00～23:00
（祝は～21:30、LO 各30分前）

日休、地下鉄栄駅より徒歩5分
中瓶680円（サッポロ黒ラベル）
680円（サッポロ黒ラベル）
1合525円（白雪）
700円
鳥焼き245円～、名古屋コーチン串焼き490円、鳥コース3600円、名古屋コーチンコース6950円

コーチンの霜ふり1200円

とんちゃん

豚ホルモン＋豆味噌の″隠れ名古屋めし″

とんちゃんやふじのとんちゃん250円は味噌と塩の2種類。焼肉メニューはすべて豚

下町の赤ちょうちんが似合う味噌仕立てのホルモン焼肉

全国各地で食べられる内臓肉を焼くホルモン焼き。地域によって材料や味つけ、調理法は様々で、名古屋では豚もつを豆味噌仕立てにした″とんちゃん″が庶民の味として親しまれている。地元でも地域特有とはあまり知られておらず、″隠れ名古屋めし″ともいうべき存在だ。

市内の下町には「とんちゃん」と書かれた赤提灯がぶら下げられた、いかにも年季の入った店がしばしば見つかる。近年、焼肉店はチェーンによる大型化、ファミレス化が進んだが、とんちゃんは昔ながらの小さな焼肉居酒屋ともいうべきスタイルがよく似合う。

網であぶる、鉄板で焼く。とんちゃんには二通りの調理法がある。前者は煙モクモクのディープな雰囲気、後者は店のスタッフが目の前で調理してくれるアットホームなムードを楽しめる店が多い。

とんちゃんや ふじ

秘伝のレシピを受け継ぐぷりぷり&まろやかとんちゃん

大須のアーケード街から一本外れた路地に面する

旧来の店舗は週末、祝日のみの営業。暑くて煙いが雰囲気も合わせて楽しむならこちら

開店前から行列が絶えない人気店。店舗はもともと喫茶店で、すぐ近くにあったとんちゃんの名店「岡ちゃん」が閉店した際に、40年愛されてきたレシピを受け継いだ。

秘伝の味噌ダレは名古屋の蔵元の赤味噌をベースに醤油、唐辛子などをブレンド。これをたっぷり新鮮なホルモンにもみ込む。

「あまり焼きすぎず、少し焦げ目をつける程度に〝ころっ〟とした食感を残して焼くのがおいしく食べるコツ」と店主の横山富美恵さん。味噌の焼けた香ばしい煙が立ち上ったら食べ頃。ぷりぷり柔らかくもコシのある歯ごたえで、噛むほどにホルモンの甘みと味噌ダレのまろやかなコクが広がる。唐辛子をふりかけるとピリッと引き締まる。味噌の甘辛さと唐辛子の辛みの相乗効果で、ビールもグビグビ進むのだ！

とんちゃんや ふじ

平成13年創業／map …P182

名古屋市中区大須2-29-27

TEL 052･231･6547

24席（テーブル6卓）

OPEN 16:50～21:50

（LO21:20）

水休（旧店舗は週末、土日のみ営業）

地下鉄大須観音駅より徒歩5分

500円（アサヒ）

1合400円（大関辛丹波）

無

とんちゃん300円、きも450円、なんこつ450円、さがり550円、ぶたかるび550円、きゅうりのぬか漬け400円

とんちゃんやふじ はなれ

平成30年春に新設された「とんちゃんやふじ はなれ」。平日の営業はこちらのみ

コラム

名古屋の酒場繁盛記

地元発酒場の動向を中心に、名古屋の酒場シーンの歴史と傾向を探る

飲み屋が少ない愛知。理由は堅実な県民性？酒が弱い遺伝子？

愛知県の飲み屋（酒場、ビヤホール＋バー、キャバレー、ナイトクラブ）の店舗数は約1万1600軒。成人人口比だと47都道府県中34位で全国でも少ない部類に入る。岐阜県、三重県もそれぞれ41位、44位で、東海地方は総じて飲み屋があまり多くない地域だといえるようだ。

ちなみに1位はダントツで沖縄。以下、宮崎、青森、高知、北海道と続く（東京は9位、大阪は19位）。経済的に苦しい地域に飲み屋が多い、という分析もあり、愛知は生活にゆとりがあるので飲み屋でウサを晴らす人が少ないのか、はたまた飲み屋で余計な出費をしないから貯蓄が多いのか…？いずれにしても堅実な県民性が、飲み屋の少なさに影響をおよぼしているのかもしれない。

飲み屋へ行く・行かない以前にそもそも東海地方の人はお酒に弱い、というデータもある。1人あたりのアルコール消費量は岐阜、三重、愛知が47都道府県中下から3〜5位に並

飲み屋店舗数ランキング
（20歳以上人口10万人あたり）

順位	県	軒数
1位	沖縄県	555軒
2位	宮崎県	385軒
3位	青森県	334軒
34位	愛知県	193軒
41位	岐阜県	162軒
44位	三重県	152軒
全国平均		222軒

（平成26年／経済センサス 基礎調査
小数点以下は四捨五入）

名古屋および全国の居酒屋の歴史

（※赤字は全国の動き）

時代	年	出来事
明治	明治	ビールやシャンパンなど洋酒を飲ませる洋食酒場が登場
	明治40年	「大甚 本店」創業
大正	大正	いわゆる大衆居酒屋が全国各地に登場
昭和	昭和6年	サッポロビール「浩養園」オープン。今では現存する日本最古のビアガーデン
	昭和20年代	戦後、町の中心部に屋台が数多くできる
	昭和26年	「角屋」「大須亭」「のんき屋」などが創業
		「養老乃瀧」創業。後に日本最初の居酒屋チェーンに発展
	昭和30年	ビアホール「マイアミ」オープン。昭和38年に竣工した大名古屋ビルヂングに移転。前後して名鉄百貨店、中日ビルにもビアガーデンがオープンし夏の風物詩に
	昭和48年	名古屋の屋台が800軒以上と最盛期を迎える
		「風来坊」が熱田区日比野で創業
	昭和48年	名古屋市の屋台が全面廃止
	昭和50年代	全国的な居酒屋ブーム。ビジネスマンだけでなく大学生など若者の間にも居酒屋人気が広まる。「合コン」文化と「一気」ブームが広まる
	昭和56年	「世界の山ちゃん」の前身「串かつ・やきとりやまちゃん」創業

び（1、2位は滋賀、奈良）、アルコール分解する遺伝子が少ないという報告すらある。

アルコール消費ランキング
（20歳以上人口1人あたり）

1位	東京都	9.54ℓ
2位	鹿児島県	9.43ℓ
3位	宮崎県	9.34ℓ
43位	愛知県	5.46ℓ
44位	三重県	5.31ℓ
45位	岐阜県	5.14ℓ
全国平均		6.77ℓ

（平成28年／国税庁統計情報）

屋台の隆盛→全廃 地元居酒屋企業の台頭

そんなシビアな条件下にある名古屋において、酒場はどのようにお客たちを酔わせ、楽しませてきたのだろう？業界事情の変遷をふり返っていこう。

都市部の戦災が激しかった名古屋では、戦時中にほとんどの居酒屋は消滅してしまう。戦後の復興の中で酒飲み文化を支えたのは屋台だった。栄・広小路通りは全国でも有数の屋台街としてにぎわい、円頓寺、上前津、大曽根、栄生、熱田神宮前などにも多くの屋台がかけられた。最盛期の昭和30年代後半には800軒以上が営業していたと伝えられる。だが、名古屋市による浄化政策もあって、昭和48年には全面廃止され、屋台は名古屋の街から姿を消すことになる。

だが、名古屋名物・味噌串カツは屋台が発祥といわれ、また伏見「島正」、大須「大江戸」、池下「當り屋」、円頓寺「上野屋本店」など屋台時代を経て今なお活況を呈する店もあり、屋台が名古屋の飲み屋文化に遺した功績は決して小さくはない。

屋台に代わる形で地元発の居酒屋企業が台頭する。「伍味酉」「風来坊」「榮太郎」「我楽多文庫」は昭和30〜40年代の創業。「養老乃瀧」「村さ来」「つぼ八」などが全国チェーンに成長するのに合わせて、これら地元勢力も多店舗化して地盤を固めていく。

平成

平成元年	「やきや」が大ヒット。創作居酒屋、おしゃれ系居酒屋がブームに
	平成初期以降、情報誌『Kelly』出版元のゲインが期間限定飲食店「パラトピ」「PS愛してるガーデン」などを運営しイベント酒場が大盛況
平成2年	屋台村＋クラブの「今池カラーズ」が2年半の期間限定でオープン
平成4年	「嘴矢」（現・かぶらやグループ）創業
平成7年	「zetton」創業
平成8年	古民家改造居酒屋が名古屋で大ブームに
	居酒屋業界全体の売上が1兆4600億円を突破し過去最高に
平成9年	ジェイプロジェクト創業
	30代経営者の飲食グループが続々誕生し、名古屋のナイトシーンを盛り上げる
平成14年	道交法改正で飲酒運転の罰金が最高30万円に引き上げ。名古屋周辺で当たり前の存在だった郊外型居酒屋が大打撃を受ける
平成17年	愛知万博開催。名古屋めしブーム
平成20年	リーマンショック。外食産業の業績が落ち込み、市場規模が1兆円を割り込む
平成23年	久屋大通公園で野外ビアフェス「名古屋オクトーバーフェスト」開催。名古屋では7月開催で以後夏の風物詩に
	「ちょい呑み」「せんべろ」などのキーワードで大衆酒場ブームに
平成25年	栄・むつみ小路が立ち飲みストリートに。立ち飲み、昼飲み、横丁飲み人気が本格化
平成29年	餃子居酒屋など特定のメニューに特化した業態が人気に

平成は〝名古屋御三家〟の活躍と名古屋めしブームで活性化

昭和後期は〝東京っぽい〟ことが絶対的価値であるという傾向が、全国のあらゆる分野で揺るぎなかった時代。居酒屋業界でも東京の人気店の様式をなぞった店が目立った。

名古屋オリジナルのスタイルが夜の街を活性化させていくのは平成に入ってから。ディスコなどを手がけてきたイデックスが平成元年に８００席の超大バコ居酒屋「やぎや」を大ヒットさせて一世を風靡する。

以来、若い世代をメインターゲットとしたおしゃれ居酒屋がトレンドとなり、その流れの中で「かぶらやグループ」「ｚｅｔｔｏｎ(ゼットン)」「ジェイプロジェクト」が平成ひとケタの時期に相次いで登場。古民家や古いビルをリノベーションしたダイニングなど、各社とも話題性豊かなオリジナル業態を次々と生み出し、それぞれのトップのカリスマ性もあって〝名古屋の御三家〟として飲み屋シーンをけん引していく。

彼らは先の「イデックス」「伍味酉」「我楽多文庫」に続く第2世代にあたり、同世代の経営者も精力的な出店・店舗展開を進めて、名古屋の夜をにぎわせていく(魚介居酒屋「奥志摩」、とんちゃんの「やぶ屋」、手羽先の「鳥開総本家」など)。古民家改造型居酒屋を次々手がけた建築デザイナー、神谷利徳氏もヒットメーカーとして引く手あまたとなった。

さらには２０００年代以降の名古屋めしブームも追い風となる。手羽先の「風来坊」「世界の山ちゃん」は東京をはじめ全国進出に成功。平成17年の愛知万博開催期には名古屋めしの店に行列ができるようになり、以来、居酒屋でも名古屋めしが積極的に取り入られるようになっていく。

ポスト御三家の新興外食グループが躍進

平成の後期に入ると先の御三家に続く第3世代が頭角を現し、新興企業の躍進が目立ち始める。和洋中と多彩な業態を30店舗近く展開する「オー・エム・フードサービス」、「地鶏坊主」をはじめ大型居酒屋40店舗以上を出店する「坊'sグループ」、伝串が目玉の大衆居酒屋「新時代」の「ファッズ」、立ち飲み「大黒」で人気を博す「光フードサービス」、「がブリチキン。」が全国区ブランドに羽ばたいている「ブルームダイニングサービス」など…。

どの企業もトップがゼロ年代に30歳前後で創業して、急成長を果たしている伸び盛りの新勢力だ。先の第2世代の薫陶を受けている経営者も多い。

名古屋一極集中と「飲む」より「食べる」へ

およそ3000店舗の飲食店に酒を卸している秋田屋グループ（本社／名古屋市東区）は、まず飲食店の出店傾向を「名古屋一極化が進んでいる」と分析する。「『食べログ』ベースで東海3県のこの1年の飲食店の出店は867軒。およそ半分はアルコールを含む業態で、うち74%が愛知県。さらにその34%が中区・中村区・千種区の東山線沿線に集中しています」と秋田屋グループ・知多善社長の小黒智之さん。

業態では全国的に「飲む」より「食べる」への比重が高まり、名古屋は特にその傾向が強いという。「外食大手のコロワイド（居酒屋「甘太郎」など）が、特に中京地区では飲み屋より食メインの業態中心の出店に切り替えているのがその象徴。何でも揃う総合的居酒屋は苦戦していて、餃子居酒屋など食が主役の業態が伸びています」と秋田屋・副社長浅野好司さん。

消費者の動向では「量より質」を求める傾向が強まっている。

「若い人があまりお酒を飲まなくなっていることから、飲み放題で元を取る、という飲み方はすたれてきている。安いのではなく値段に見合った価値、すなわちコスパが重視され、値は張ってもいいものを好みの量だけ飲む、という人が増えています」（浅野さん）。

受け継がれる〝濃い口嗜好〟老舗の客の新陳代謝も

そんな流れの中で、名古屋はとりわけ定番、老舗が強い傾向にあるという。

「味が濃い＝豆の文化が根底にあるのでしょう。地のモノで事足りるという豊かさがあるので、保守的な嗜好が今でも守られている。『風来坊』など鳥系の居酒屋も相変わらず強いと感じます。『大甚 本店』や『島正』といった歴史がある店に若い人も行くようになっている〝老舗の客の新陳代謝〟も昨今の傾向。これも地域特有の嗜好が若い世代にも受け継がれていることの現れでしょう」（浅野さん）。

新しい外食グループが市場をにぎわせながら老舗も根強い。さらに本書で紹介しているように個性が際立った小規模の個人店も増えている。飲み屋が少ない。そもそも酒に強くない。そんな数字上のハンディなどに惑わされることなく、名古屋の酒場を大いに楽しみたいものである。

夜が早いといわれてきた名古屋だが
深夜営業の店も徐々に増加中

第三章 焼き鳥・串

酒場と言えば真っ先に浮かぶのが焼き鳥、串。
モクモクと漂ってくる香ばしい煙や
ジュワ～ッと食欲をそそる揚げ物の音！
ビールをグビグビ飲みながら
片手にほおばれるから酒のアテとしては最強！
ジョッキ一杯に串を何本かつまんでサッと切り上げる、
そんな粋な飲み方をできるのも串物の魅力。
酒場をより酒場らしくする串に、カンパイ！

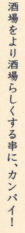

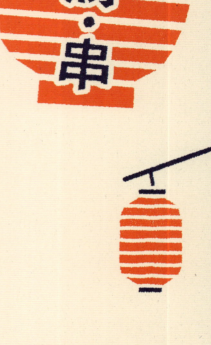

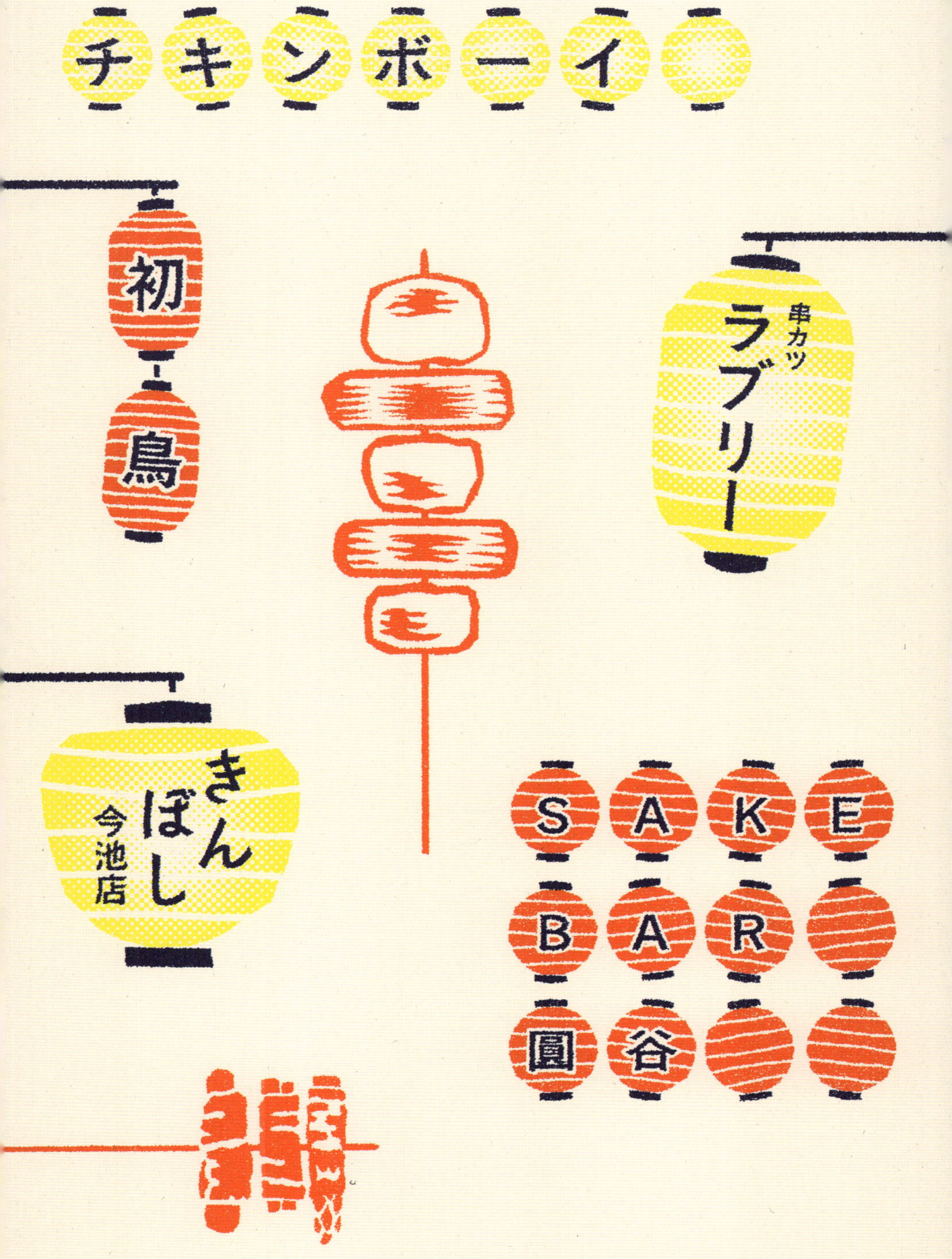
チキンボーイ
初鳥
串カツ
ラブリー
きんぼし
今池店
SAKE
BAR
圓谷

第三章 焼き鳥・串

角屋

香ばしい煙に誘われる大須のランドマーク

細長いコの字、小さな六角と一文字、3つのカウンターがある

黙々と焼き場に立つご主人。焼き場を囲むカウンターは特等席だ

メニューは串物、鳥&豚オンリー。席はカウンターのみ。四つ角にあるから「角屋」。潔いほどにシンプルなザ・焼き鳥屋。

角に面した焼き台は１台だけ、タレはひと壺だけ。毎日１人だけが焼き場を預かり、週末は２代目の間瀬政之さん、平日は３代目の崇文さんが立つ。備長炭で素材のジューシーさを活かしつつ適度な焦げ目がつく、絶妙なあんばいに焼き上げる。創業以来つぎ足しているタレはたまりがベースで、さらりとしながらうまみがある。

注文は２本から。女将さんがメガホンで「とん２、きも３…!」と焼き場に通す。初めてなら「おまかせ」で、満腹になったところで止めればいい。伝票替わりはプラスチック製のカラーチップ。四角大は２５０円、小は１５０円、丸の白は４５０円、コイン型の青・緑は３５０円と色とサイ

かどや

昭和24年創業／map …P182
名古屋市中区大須2-32-15
TEL 052・221・9774

30席（カウンター30）
OPEN 17:00～21:30
（日祝は16:00～21:00）
月休
地下鉄大須観音駅・上前津駅より
徒歩5分

大瓶650円（キリンラガー）
グラス250円～（酒海瀧）
無
とん120円、きも120円、ネギマ120円、砂肝120円、とり玉120円、たまご120円、ピーマン120円、きゅうり120円、心ぞう120円、手羽先350円

左：メガホンで注文を焼き場に伝える女将の紀代美さん
右：週末ともなると開店前にご覧の行列が

プラスチック製のチップが伝票替わり。これで自分でも計算できるようになったら常連の仲間入り（？）

きも、ネギマ、たまご、きゅうり各120円

２代目の間瀬政之さんと３代目の崇文さん

ズで値段が決まっていて、会計時にはこれを数えて瞬時に計算する。長い歳月の中で工夫されてきた独自のシステムにも感心する。

2代目、3代目ともにサラリーマンを経験した後、30代で店に立つようになった。政之さんは40年、崇文さんも10年のキャリアになるが、2人とも「毎日何本かは食べて受け継がれてきた味を自分の舌で確かめている」という。

初めてだとカウンターに肩寄せ合うように座る密度の濃さや店独自のシステムに面食らってしまうが、最初の一杯を空ける頃には長年の煤でやや黒ずんだ空間が居心地よくなってくる。おなかが膨れる頃には飽きの来ない味を次また食べたくなってくる。こうして訪れた人が次の常連候補生となり、老舗の繁盛が受け継がれていく。

第三章 焼き鳥・串

チキンボーイ

火入れが絶妙な焼き鳥を今池発のクラフトビールで！

10人少々で満席になる店内に炭火焼の香ばしさが充満する

備長炭を使う焼き鳥は表面はカリッ、中はジューシー。タレはたまりベースでこってり濃い目。つくねはふわっと柔らかく軟骨のコリコリした食感がアクセント。せせりはしっかりした噛み応えの中からうまみがじんわり。素材のよさと絶妙な火入れ、うまい焼き鳥はこれさえあればOKだ。

アメリカのスラングが思い浮かぶ店名は「あえてふざけた名前でおぼえてもらおうと思って」(店主の工藤哲也さん)つけたというが、焼き鳥はいたって正統派。メインの三河鶏の他、名古屋では流通が限られる滋賀の淡海地鶏、適度な歯ごたえとさっぱりした脂身が特徴の愛媛の媛っ子地鶏も曜日によって取り扱うなど、素材選びにも一本筋が通っている。

酒のラインナップにも思い入れがこもっていて、特に力を入れている

ちきんぼーい

平成23年創業／map …P183
名古屋市千種区内山3-31-14
サンシャイン今池1F
TEL 052･732･3177

13席（カウンター10･テーブル1卓）
OPEN 17:00〜23:00
（土は15:00〜）
日祝休（月祝の場合、日営業）
地下鉄今池駅より徒歩2分

- 550円（今池ビール）
- 540円（サッポロ黒ラベル）
- 1合550円（九頭竜）
- 250円（キャベツ）
- 焼き鳥150円〜、こくうまポテサラ430円、鶏皮キムチーズ490円、肝のオリーブオイル漬430円、せせりの葱まみれ540円、せせり丼650円

左：タレは修業先で学んだノウハウに自身の感覚を加味してつくったオリジナル
右：名物の鳥肝のオリーブオイル漬430円

焼き鳥は左からささみ梅しそ、せせり、つくね、とろ肝。写真はどれも100円台

焼き鳥店で修業を積んだ後に自分の店を構えた店主の工藤哲也さん

のクラフトビール。中でも必ず飲んでほしいのが今池ビールだ。実はこれ、工藤さんはじめ今池商店街の若手店主らが町おこしの一環として企画して誕生したもの。ホップの強い香りと苦味が、クセの強いこの街のカラーにもマッチし、もちろんこの店の焼き鳥にもバッチリ合う。

オリジナルの酒肴もさりげなく手がこんでいる。隠し味でコクとうまみをプラスしたポテトサラダ、ねっとりした鳥肝のオリーブオイル漬など、どれも味に奥行きがあるため、もう一杯酒を追加したくなる。

名古屋育ちながら「今池のことはよく知らなくて、たまたまちょうどいい物件があったので」ここで開業したという工藤さんだが、飾らない中にも強い意志が秘められた店づくりは、この街によく似合っている。

きんぼし 今池店

フレンチの創作性を取り入れた創作系焼き鳥店の先駆け

仔羊香草焼き490円。仔羊特有の臭みを香草で消してあり、肉のしっとりした弾力を堪能できる。開店以来の名物きんぼし焼き300円。ふわっとした中に軟骨のコリコリ感があるつくね150円

「焼き加減に細心の注意を払います」という店長の広川泰之さん

近年増えている創作系焼き鳥だが、名古屋ではここが先駆け。ミディアムレアの焼き加減が絶妙な仔羊の香草焼き、牛ハラミに味噌生姜ダレを合わせたきんぼし焼き、アンチョビを乗せたうずら、バジルをまぶした焼きトマトなど。串物以外でもフォアグラのソテーにいちじくのコンポートのトッピングなどユニーク。塩も昆布やカツオのダシで溶かした上で煮詰めた自家製塩を使う。店主がフレンチ出身だけあって、素材へのひと手間ひと工夫が施された品々がくり出される。

「オーソドックスな焼き鳥がおいしいのは当たり前。その他のメニューでも驚きを感じてもらいたい」と店長の広川泰之さん。コースでは前菜からデザートまで、随所にサプライズが用意されている。

煙もくもくの焼き鳥屋ももちろんいいが、とっておきの時にはボトルワインを開けたくなるこんな一軒をチョイスしたい。

きんぼし いまいけてん

平成4年創業／map …P183
名古屋市千種区今池5-4-9
TEL 052･732･5421

35席（カウンター11・テーブル4卓・掘りごたつ席7名）
OPEN 17:30〜23:00
（土日祝は17:00〜 ※LO22:30）
火休、地下鉄今池駅より徒歩5分

中瓶580円（サッポロラガー）
580円（サッポロ黒ラベル）
1合590円（三千盛、春鹿）
グラス530円〜
250円
ねぎま200円、手羽先200円
きんぼし 新栄店、伏見店、名鉄キャッスルプラザ店

今池の中心部のやや外れに位置する

初鳥

いぶし銀の店主のたたずまい 野鳥にも舌鼓の焼き鳥店

裏通りの目立たない構えだが、味の違いの分かる通が次々とのれんをくぐる

店主の服部さんが目の前で串を焼くカウンター。この眺めも格好の酒の肴となる

ガラスの引き戸から蛍光灯の灯りがもれる構えはいかにも昭和の趣。上前津の小さな屋台からスタートし、昭和39年築の現在の店舗に移ってからだけでも半世紀以上がたつ。

店主・服部豊二さんがまたいぶし銀のたたずまい。赤いうちわを「パッ、パッ‼」と小気味よく叩き、備長炭の香りを素材にまとわせながら黙々と串を焼く。

創業当時は野鳥専門。並みいる屋台は女店主の店が多く、差別化を図るために付加価値の高い素材を取り入れた。現在も狩猟解禁期間の11月半ば～2月末の間はすずめ、鴨といった今でいうジビエが登場する。その他、夏は帆立、冬は牡蠣と季節限定の魚介も常連のお目当てのひとつとなっている。素材に力があるだけにタレの存在感は控えめ。刺身醤油と白ザラメを使いさらりと仕上げてある。

職人気質の店主の立ち姿にも魅了されつつ、昭和の残り香に酔いしれたい。

はっとり

昭和23年創業／map…P182
名古屋市中区大須3-7-23
TEL 052・241・2442

15席（カウンター11・小上がり2卓）
OPEN 17:00～22:00
日祝休
地下鉄上前津駅より徒歩5分

中瓶600円（キリンラガー、サッポロ黒ラベル）
600円（キリン一番搾り）
400円（東龍）
430円
180ml 400円
無
すなぎも180円、すずめ時価

ねぎまは名古屋コーチンのみで一本450円。つくね、きもは各220円

串かつ ラブリー

伝統の味を継承した味噌串カツで連日行列

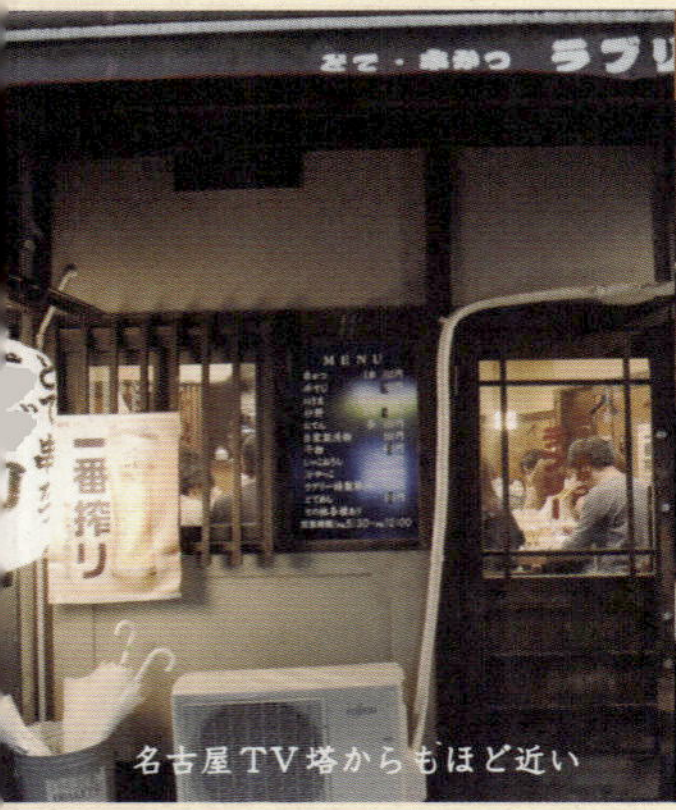

名古屋TV塔からもほど近い

店構えはいたってベタな串カツ居酒屋。ジャズが流れることもなく、店名以外は名古屋を代表するジャズハウスの香りは感じさせない

行列必至の大人気店、通称〝串ラブ〟。予約不可ということもあって、特に週末は開店前からお客が列をなすことも珍しくない。

串カツは生パン粉で薄く包んでカリッと揚げる。お好みで味噌を選ぶと、味噌おでんの鍋にどぼんとつけて出してくれる。やや小ぶりで脂身が少なく、一本１００円という安さもあって、３本、４本とお替りしたくなる。味噌は赤・白のブレンドで、まろやかなコクがありつつこってりしすぎず、名古屋以外からの旅行者でも食べやすい。この味噌で煮込む味噌おでんもまた、値頃かつ親しみやすい味わいだ。

名古屋の人なら店名からピンと来る通り、すぐ近くにある老舗ジャズハウス「jazz inn LOVELY」の姉妹店。長く愛されてきたご近所の串カツ屋が店をたたむことになったのを惜しんでレシピを引き継いだ。伝統ある名古屋テイストが、若者や旅行者も魅了している。

串カツ１本１００円、味噌おでん盛り合わせ５００円

くしかつ らぶりー

平成20年創業／map …P181
名古屋市東区東桜1-9-1
TEL 052・963・9023

27席(カウンター19・テーブル2卓)
OPEN 17:30～深夜0:00
(LO23:00)
お盆、年末年始休
地下鉄栄駅より徒歩3分

大瓶600円(キリン一番搾り)
600円(キリン一番搾り)
1合500円(一本気)
無料(キャベツ)
串かつ100円、ねぎま(2本)400円、牛すじ500円、おでん各100円、ラブリー特製豚汁350円、どてめし550円

対談

江口まゆみ（酔っぱライター）

Mayumi Eguchi × Toshiyuki Otake

対談

大竹敏之

うまい酒を追い求めて
日本はもとより世界中を
旅してきた江口まゆみさん。
著者・大竹と
名古屋めしをつまみ
愛知の酒をのみながらの
酔っぱらい対談

Profile
【江口まゆみ】
酒紀行家。世界20か国以上、酒づくりの現場300か所以上を訪ねる。唎酒師など資格多数。『日本酒紀行』など著作多数。酒に関する講師も務める。

酒場でオジさんを自分のペースに巻き込むには？

大竹　江口さんはお酒に関する本をたくさん出されていますが、ご自身が飲む時に一番大事にしていることは何ですか？

江口　ちゃんとおいしい料理があること。いくらいいお酒でもそれだけで飲めといわれるのは嫌ですね。オジさんと飲みに行くと、好きに食べさせてくれないんですよ。自分が食が細くなってるからって、寿司屋に行って〝寿司屋の海苔はうまいんだよ〟とか言われると、冗談じゃない！、って(笑)。

大竹　そういうオジさんを自分のペースに巻き込むコツはありますか？

江口　〝好きなもの頼んでいいよ〟といわれて本当にその通りにしちゃダメ。先にオジさんの好きそうなものを注文する。ポテサラでしょ、枝豆、アジフライ、ハムカツ…。最初にそのあたり食べさせとけば、もぐもぐしておとなしくなる(笑)。

大竹　そうやってご機嫌を取っておいて、あとは自分の好きなものを存分に注文する、と。

江口　そうそう(笑)。

名古屋の酒は中庸で名古屋めしに合う

大竹　愛知の酒蔵は行かれましたか？

江口　このお店（SAKE BAR圓谷）をやってる関谷醸造さんに行きました。「空」がブレイクして興味があって。品質管理が徹底していてスゴイ！と感心しました。岐阜の蔵には結構行きましたが、名古屋は岐阜と愛知の酒が混在している店が多い印象。人の行き来もあって、親和性が高いんですね。

大竹　同じドラゴンズ県ですから(笑)。

江口　名古屋は酒より食べ物の印象がスゴい。「名古屋だがや！」みたいな(笑)。うどんもカツもおでんも、みんな味噌じゃん！味噌カツはやっぱ日本酒ですね。名古屋の酒は思ったよりニュートラルなものが多い。中庸というか、日本の中心地点にあるからなのかな。食べ物ほどゴツい感じがしなくて、だから逆に名古屋めしには合うんじゃないかな。

大竹　名古屋の居酒屋は大体どこでも味噌カツ、味噌おでん、どて煮、手羽先があって、適当に入っても必ず名古屋めしを食べられます。

江口　それは便利ですね。観光客にも店を選びやすい。(味噌カツを食べながら)またうまいよ、これが。濃い味で何ともいえないね。これは絶対、日本酒。発酵食品同士だし。

日本の酒の飲み方は日本酒の度数に合わせる日本酒基準

大竹　日本中に飲みに行かれていますが、酒飲みの文化として印象的な土地はありますか？

江口　47都道府県で食べて飲んでますが、高知は特別でした。観光名所にもなっているひろめ市場というところがあって、朝からみんながんがん飲むんです。皿鉢料理というでかい皿に盛ったのをどーんと出して女性もドカッと腰を下ろして飲む。私が「酔っぱライターです」というと大体驚かれるんですけど高知は大丈夫。大変過ごしやすい(笑)。鹿児島で思ったのは、あのへんの甘い醤油や味噌、さつま揚げに地鶏の刺身にはキリッと切れる蒸留酒、ようするに焼酎じゃないとあり得ない。

大竹　土地の料理には土地の酒が合うということですね。となるとやはり日本人には日本酒が最も合う？

江口　日本酒のアルコール度数が体になじんでるから他の酒も日本酒と同じ14〜16度くらいに持っていこうとするんです。ウイスキーの水割は日本で生まれたものだし、焼酎のお湯割りもそう。日本酒基準なの。

大竹　ワインは日本酒と同じ醸造酒ですし、度数も同じくらいですよね。

江口　でも、日本酒と違ってワインはピンポイントでしか合わない。だからソムリエがいるんです。ワインはマリアージュというようにお互いに共鳴して1＋1が10にも20にもなる。でも日本酒は「料理を邪魔しない」ものがいい酒だといわれる。あくまで料理が主なんです。

昼飲みに罪悪感がない東京の酒飲み文化

大竹　名古屋の酒場の最近の傾向としては、立ち飲みや昼飲みの店がようやく市民権を得てきました。

江口　東京はそば屋で飲む文化が江戸時代からあるから昼飲みに対する罪悪感がそんなにない。昔、浅草に住んでいた時はよく昼から飲んでました。朝8時から夜8時までやってる店があってね。そこで朝から飲んでるのは見るからにダメな人たちばかりですけどね、私を含めて(笑)。

大竹　東京の酒場事情で何か新しい傾向はありますか？

江口　女性客を意識したおしゃれな立ち飲みが増えています。最初に立ち飲みのワインバルができて、最近は日本酒でいい吟醸酒などを出す立ち飲みの店も増えている。社会が成熟して、少々高くてもいいものをという飲み方が主流になっています。

大竹　私みたいなオジさん世代向けに「一目おかれる酒場選び」のコツを教えてください。

江口　女性を連れて行くなら「おいしいものを食べさせろ」「うんちくを語るな」。お酒と料理は対なので「おいしい店があるから食べに行こう。お酒もいいのが揃ってるから」と誘った方が一目おかれます。あとは酒と料理のバランス。酒は豊富だけどつまみは塩辛くらいしかないとか、逆に料理は素晴らしいけれど酒は1種類か2種類しかない、とか。ちょうどいいバランスの店ってなかなかないんです。

大竹　古典酒場には酒はこれだけ、というところが多いですよね。

江口　そういうところは逆にバランスが取れてるんですよ。田舎の飲み屋でモツ煮込みに三増酒しかなくて、でもそれがめちゃくちゃ合う！とか。酒の種類が多ければいいというわけではないし、天井を目指すわけでもないけど、ちょうどいいバランスが取れている店はいい酒場だな、と思いますね。

SAKE BAR 圓谷
さけばー まるたに

平成25年創業／map…P179
名古屋市西区那古野1-37-17
TEL 052・414・7263

52席（カウンター4・テーブル13卓）
OPEN 17:00～深夜0:00
不定休
地下鉄国際センター駅から徒歩5分、
地下鉄丸の内駅より徒歩6分

中瓶700円（アサヒスーパードライ）
グラス600円（キリン一番搾り）
500円
銀鱈の吟醸酒粕漬炙り焼き1200円、田原ポークの角煮700円、チーズの盛り合わせ1200円

築約150年の蔵を改装した空間

圓谷肴6種盛り合わせ1200円

SAKE BAR 圓谷にも牛すじどて煮、手羽先唐揚げ、味噌串カツの名古屋めしがある

コラム

今宵、老舗の店主と

「取材拒否」はライターにとって永遠の悩みの種。目星をつけた店がすべて取材を快諾してくれるなんてことはあり得ない。新規の客に押し寄せられたら迷惑だと警戒する店主も少なからずいて、10軒に1軒くらいはお断りされるのだ。

今回も首を縦に振ってくれなかった店は何軒かあった。そのうちの一軒は料理も雰囲気も申し分ない、常連の多い愛され酒場だった。下交渉では好感触を得た気がしていたのだが、あらためて取材を申し込むと「そういうのは全部お断りしてるんですよ」ときっぱり。客で訪れた時と変わらぬほがらかな口調だが、断固とした空気があった。

再度の訪問は、何としても口説き落としたい、というより、店主にあらためて興味がわいたからだった。タイミングよく正面のカウンターに着くと普段通りのにこやかな表情。聞けば店はおよそ半世紀の歴史があり、店主が生まれた頃に父親がのれん分けで開いたのだという。高校卒業後に修業へ出ようと考えたが、父はそれを許さなかったのだそう。

「へんな癖がつくから最初からここでやればいい、といわれたんです」

厨房はステンレスが鏡のようにぴかぴかで、これも父の教えなのだろう。毎晩閉店後に隅々まで磨き上げるという。

取材拒否の理由は「常連さんの期待に応えるだけで精一杯なんですよ」とあくまで謙虚。常套句ではあるのだが、こういわれてしまったら、あきらめ悪く食い下がるのはこちらも本意ではない。

その夜も店主は表まで出て見送ってくれた。取材交渉は不調に終わったが、負けて清々しい、とまるで高校球児のような気分だった。取材者である以前に、大切なのは店を気に入った1人の客としてよい関係性を築くこと。芯の通った店主のうまい料理を求めて、またのれんをくぐることにしよう。あわよくば次回作を出す時には取材できればいいな、とちょっと下心も秘めながら…。

飲み

〝立ち飲み不毛の地〟
なんていわれてきた名古屋だが
戦後間もなくから地元っ子を
立たせてきた老舗もあれば、
さらに近年は新しい立ち飲み屋が
あちこちで見られるようになってきた。
酒の品揃えや店主のキャラクターなど
強い個性があるのも立ち飲み屋の特徴。
立って飲むのに不慣れだった名古屋っ子を
それでも立たせてきた魅力ある酒場へいざ！

大安

お酒の神様

のんき屋

純米酒専門 YATA

みのや北村酒店

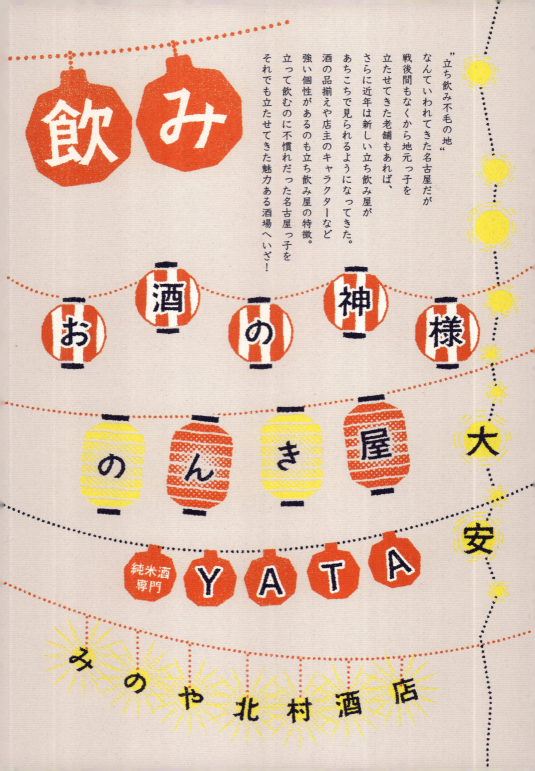

第四章 立ち

てり串栄本店

佐野屋

マグロー

おとくや

伏見バル

第四章 立ち飲み

のんき屋

名古屋の立ち飲みはまずはここから ガテンな空気残る一杯飲み屋の王道

〝立ち飲み〟ならぬ〝道飲み〟とも称されるが、現在の歩道はもともと店の敷地だった場所で、道路拡張で今の場所まで下がったのだそう

〝名古屋には立ち飲み文化がない〟といわれていた時代から、多くの酔客を立たせてきたのがここ。近年は立ち飲みの店もずい分増えたが、いの一番で挙がるのはやっぱりのんき屋で異論はあるまい！

もともと界隈は、名古屋の産業界をけん引してきた陶磁器や紡績など製造業の集積地。体力仕事の人たちを当て込んだ飲み屋も並び、スタミナのつくどてや串カツで彼らが英気を養うのにひと役を買った。のんき屋をはじめこの一帯の飲み屋は、名古屋のモノづくりを支えてきたともいえるのだ。

とんやきとどてやきが人気の二本柱。とんやきは下ゆでした豚ホルモンに串を打ち、適度に焦げ目がつくまで焼いたら、醤油ベースのてりか塩、唐辛子で。どてやきはこれを赤味噌をぐつぐつ煮込んだどての鍋につける。鍋にはホルモンのうまみがと

のんきや

昭和29年創業／map …P179
名古屋市西区名駅2-18-6
TEL 052･565･0207

74席（カウンター5・テーブル5卓・個室2室）
OPEN 17:00〜20:30
（土は16:30〜20:00）
日祝休
JR名古屋駅より徒歩10分

大瓶650円（サッポロ黒ラベル、アサヒスーパードライ）
600円
1合350円
480円
無
串カツ90円、とんやき90円、どてやき90円、きもやき100円、ねぎま150円、おでん150円

左：どてやき、味噌おでん、串カツ。名古屋伝統の居酒屋フードを堪能できる
右：ぐつぐつ煮込まれるどての鍋から漂う香りに引き寄せられる

立ち飲みだけでなくテーブル席もあり。2、3階は座敷でグループでの宴会も可能

3代目の店主の長田茂雄さん

け出して、甘みやコクに包容力がある。てりと味噌の鍋のどちらかにつけて食べる串カツも、サクッと軽い口当たりで外せない。

最近は立ち飲みブームもあって若い女性客の姿も珍しくなくなったが、コワモテの大将が焼き場を守る店先はガテンなムードが今なお残る。味噌おでんを取ろうとすると「まだ！」と低い声で待ったをかけられ、「やっぱり怖い！」と肝を冷やしてしまうが、しばらくすると「もう食べられるよ」とぼそっとひと言。不愛想に見えるが実はお客の動きに目を配り、一番おいしく食べられるタイミングを教えてくれるのだ。

両隣に人気の飲み屋チェーンが進出してきても、存在感は揺るぎない。名古屋で立って飲むなら、何はなくともまずはここから、だ。

立呑み立ち喰いすし

マグロー

うまい、安い、狭い、楽しい。マグローという名の小宇宙

カウンターは10人も並べばいっぱいだが、冷蔵ケースをテーブル代わりにして飲む人もいて、入店率200%になることもざら。握りは左からくえ、するめいか、穴子

〝すし詰め〟とはまさにこのこと。狭い店内にこれでもかとばかりにお客がひしめき合う。魅惑的な飲み屋が目白押しの今池の中でも、最も人口密度が高い場所じゃないだろうか。

江戸前寿司が1貫100円〜というリーズナブルさが第一の魅力。本マグロ、ミナミマグロ、ビンチョウマグロなど店名の通りマグロを中心としながら、穴子や白身といった県内の漁港で揚がった地物などもバランスよく取り揃える。だし醤油や薄口醤油を塗って出すのが基本で、これは「狭いからいちいち皿に注いだ醤油をつけるのはめんどうでしょう」という店主・吉田誠さんの心づかいから。1貫から注文できる気安さも立ち飲みスタイルにふさわしい。ネタは新鮮でふわりとしたシャリの握り加減も絶妙。クオリティはそれなりの値段を取る寿司店にもひけを取らない。

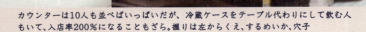

たちのみたちぐいすし
まぐろー

平成25年創業／map …P183
名古屋市千種区今池1-12-6
TEL 無

15席(カウンター15)
OPEN 17:30～22:00
水日祝休
地下鉄今池駅より徒歩2分

大瓶490円(サッポロラガー)
440円(エビス)
1合250円(日本盛)
300円(黒霧島)
300円
無
本マグロ150円、カツオ150円、するめいか100円、黒ダイ130円、サバ180円、中トロ250円、覚王山とうふ250円

握りは1貫から注文できる。醤油を塗るなど〝仕事がしてある〟のでそのまま口に放り込める

新鮮なネタがケースに並ぶ

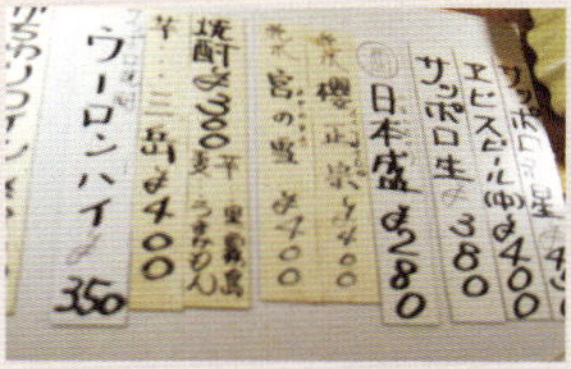

酒は種類をしぼり込んで値頃に提供する

店主の吉田誠さん。出張握りずしや蔵元ツアー、オリジナルの音楽祭など、狭い店の外へ飛び出しての催しもあれこれ企画している

安くてうまい、が人気の理由であることは確かだが、足を運ぶファンがハマってしまうのは店の一体感。ビールをケースから取り出してくれるのも、寿司の皿を渡してくれるのも、スタッフかと思いきやお客の1人。ギュウギュウ詰めの時も先客が少しずつ詰めて中に招き入れてくれる。隣と密着状態だから自ずと会話が始まり、初めてでもいつしかこの狭くて身動き取れなくて、でもとびきり楽しい空間にとけ込めてしまう。店がひとつのコミュニティのようで、またこの輪に加わりたいという気持ちにさせられるのだ。

入店率は最大200％(!?)。人の壁をかき分けてでも、マグローという空間の一員になりたい！

各ネタはおつまみとしても注文可。ほたて390円

第四章　立ち飲み

お酒の神様

アーケードに護られた あまねく優しい立ち飲み店

名古屋駅からも徒歩圏内。昼から飲めることでも貴重な存在

アーケード商店街といえば名古屋では大須と並んで名前が上がる円頓寺。パリ祭などで人気沸騰しているのは「円頓寺商店街」だが、名駅寄りの「円頓寺本町商店街」もちょっとひなびた空気が残り、なかなか味がある。界隈には近年飲み屋がずい分増えているが、立ち飲み屋は意外と少なく、貴重な一軒がその名も「お酒の神様」だ。

「商店街の中なので、明るい時間帯から入りやすいようにと気軽な立ち飲みの店にしたんです」と店主の野口誠さん。

インパクトのある店名がまず目に飛び込んでくるが、よく見ると看板の下に「はちみつ・ローヤルゼリー」の文字が。実は先代は養蜂家で、この店舗ももとははちみつ専門店&カフェだったのだ。その名残としてはちみつ入りのハニービール、ハニーワイン、ハニーバーボンといったメ

おさけのかみさま

平成27年創業／map …P179
名古屋市西区那古野2-12-5
TEL 052-551-3431

20席（カウンター20）
OPEN 13:30〜23:00
（土日祝は12:00〜21:00）
無休
JR・地下鉄名古屋駅より徒歩10分

- 436円（アサヒスーパードライ）
- 1合318円〜（大関・通のからくち）
- 無
- 1000べろセット（平日のみ）909円、おでん91円〜、串カツ91円、どて煮409円、煮魚364円〜、だし巻き卵364円、おまかせチャーハン455円、まぐろ中落ち455円

左：日本酒は全国の地酒を日替わりで封を開けていく
右：店主の野口誠さん（右）と料理長の寺嶋喜一郎さん

焼酎・カクテルなども豊富

商店街にはみ出したテーブルはビールケースを重ねたもの。この簡素さが立ち飲みにはマッチする

平日限定の1000べろセット。ドリンクにおつまみ2皿がついて909円

ニューがあったり、店内の片隅ではちみつを売っていたりもする。

日本酒は地元・金虎酒造の大吟醸「名古屋城本丸御殿」を常備する他は全国の銘酒を飲み切りで順次入れ替えていく。「開業して最初の1年は一度のかぶりもなくすべて入れ替え、その後もできるだけ初めての銘柄を仕入れるようにしています」と野口さん。

和食の職人が料理長を務め、鮮度抜群の魚介に上品な味つけの煮物など、料理は立ち飲み屋らしからぬ本格派。惣菜+272円で定食にできるのもうれしい。

筆者は明るい時間帯に友人家族とともに子連れで訪れたことがあるが、通りにはみ出したテーブルに陣取れば、アーケードの下で子どもらを遊ばせておいても目が届いて安心。財布にも体にも幅広い層にも、あまねく優しい〝神様〟なのだ。

純米酒専門 YATA 名古屋KITTE店

名古屋の立ち飲みシーンを変える洗練された純米酒専門店

通路に面してオープンになっているので1人でも、女性でも入りやすい

「名古屋じゃないみたい…！」

駅ビルの通路に面したクールな空間でビジネスマンや若い女性たちが立ち並んでグラスを傾けている。外国人も混じった国際的な顔ぶれの日もあれば、スーツ姿のオジさんがびっしりひしめき合っていることも。映画のワンシーンのような景色は、あか抜けないと言われ続けてきたこの街ではこれまでなかなかお目にかかれなかったもの。名古屋人が立ち飲みをこんなにスマートに使いこなせるようになるなんて…！

YATA（八咫＝やた）が純米酒専門の立ち飲み店として登場したのは平成21年のこと。1号店の栄店はガラス張りのおしゃれな設計で、名古屋らしからぬ洗練されたイメージは衝撃的だった。

代表の山本将守さんは、20代半ばで家業の酒販店に入った。利き酒師の講義を受けたのをきっかけに日本

じゅんまいしゅせんもん
やた なごやきっててん

平成29年開店／map …P179
名古屋市中村区名駅1-1-1
JPタワー1階　KITTE名古屋内
TEL 052･433･2360

30席（カウンター25･テーブル3卓）
OPEN 10:00〜23:00
不定休（KITTE名古屋に準ずる）
JR･地下鉄名古屋駅より徒歩2分

無
グラス80ml 700円
※2杯目以降500円
無
利き酒コース（45分）1500円、純米酒＋おつまみ1000円、純米酒＋純米酒1000円、チーズ入りポテトサラダ500円、本日の3種盛り500円、チーズの盛り合わせ500円、あったかイカめし500円
純米酒専門 YATA 伏見店他

つまみもすべて〝日本酒をよりおいしくする〟がテーマ。10種以上ありすべて500円。写真はサンチョビ（さんまのアンチョビ）、絶品！くちどけコンビーフ

日本酒は約30種類を常時入れ替える。利き酒コースは時間内は何杯でもおかわりできるが、同じ銘柄をくり返して注文するのは不可

代表の山本将守さん。店名の「YATA」はサッカー日本代表のエンブレム、八咫烏（やたがらす）にならったもので、世界に日本酒ブームを起こす〝日本酒・純米酒の道案内〟になる店という思いが込められている

酒への興味を深め、全国各地の蔵を巡ってさらにその奥深さに魅了された。

「それぞれの酒が持つ物語を伝えれば絶対に売れる！そのためには酒屋発信のアンテナショップが必要だと考えたんです」

象徴的なのが利き酒コース。45分間、何種類でも飲み比べできる。50ミリリットルの小ぶりのグラスだから6〜7種類は空けられる。利き酒ならぬ利き醤油もでき、酒とともにつまみとのマッチングを試すと味わいがどんどん変化して、楽しみ方が無限に広がる。

デートの待ち合わせ、電車の時間まで余裕がある時、1次会後の飲み直しなど、様々なシチュエーションで粋に活用する人が増えると、名古屋の立ち飲み文化の多様性もますます広がりそうだ。

伏見バル

自由な中に秘められた温もり 笑顔が絶えない立ち飲みワインバル

店主の香代さんを囲んで笑顔の花が咲く。左から人参サラダ、長芋と厚揚げの和風クリーム炒め、豚肉とお豆のトマトクリーム煮込み

通りを歩きながらふと顔を上げると、小さなビルの窓からやけに楽しそうな笑顔がいくつも見える。つられて階段を上り、入口から中をのぞくと先客が立ち並んでいてやっぱり楽しそう。笑顔の輪の中心にいるのは店主の杉浦香代さんだ。

「よく言われるんですよ。〝あなたが一番大口開けて笑ってる〟って(笑)」。そういってまた破顔する彼女の明るさが、にぎわいの源泉となっている。

女性オーナーがワインをチョイスしてくれる立ち飲みバル。というといかにもおしゃれなイメージだが、常連に「あんた、昨日もカップ麺だったんでしょ!肉じゃなくてこっち(野菜の惣菜)食べなさい」とおせっかいを焼く香代さんはほぼ小料理屋の女将。そんな身内のようなやりとりに心を潤されて、とりわけ単身者が第二の我が家のようにくり返し足

ふしみばる

平成25年創業／map …P180
名古屋市中区栄1-11-27
富善ビル1階
TEL 052･222･0234

12席（カウンター12）
OPEN 17:00～24:00（LO23:00）
日、ハッピーマンデーの祝日休
地下鉄伏見駅より徒歩3分

中瓶690円（ハートランド）
690円（カールスバーグ）
無
グラス、ボトルとも価格は仕入れにより変動
無
ミートボール690円、マカロニサラダ590円、人参サラダ390円、ワインに良く合うキンピラ590円、ジャーマンポテト690円、ラタトゥイユ690円、カレー830円

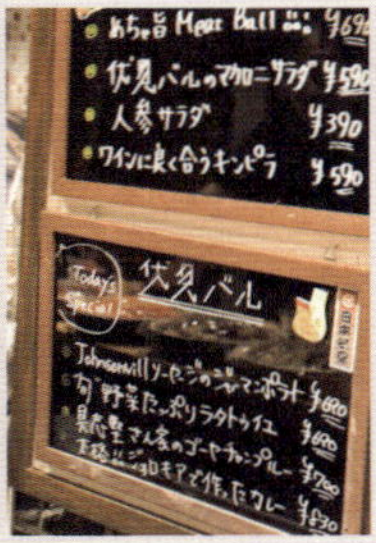

左：御園座の西側の通りの間口の狭いビルで、階段を上るのになぜか名目は「1階」
中：おばんざいはミートボール、マカロニサラダ、人参サラダ、キンピラの4品が定番でその他に日替わりが4～5種類
右：ワインは、フランスやイスラエルなど産地にはこだわらず、香代さん自身が気に入ったものをセレクト

外国経験が豊富で「海外では〝バーは立って飲む〟が当たり前だったんです」という杉浦香代さん

料理に使う醤油、みりん、ソースなどの調味料は伝統製法などによる高品質のものを厳選している

を運ぶ。

母親のような慈しみをもってつくる料理は体に優しいものばかりで、郷里の三重で採れた野菜や無添加の調味料など食材にはとことんこだわっている。とはいえいわゆるおふくろの味とは違い、和食にエスニックの要素を加えたりするおばんざいは、優しくも時に刺激的だ。

「放浪癖があるんですよ」といい、国内外を渡り歩いてきた香代さんだが、この店を開いてもう7年。ここを止まり木にしているなじみ客が行き場を失わないよう名古屋に根を下ろして…といいたいところだが、「料理も酒も店も自由なんです！」という通り、店主が思った通りにやってくれることこそがこの店の魅力。これからもどうぞ自由に！

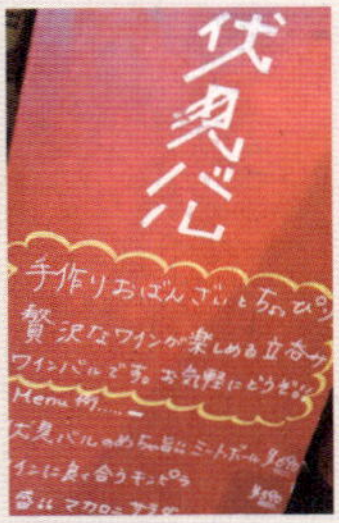

窓際の座り席はシルバーシート（常連の親父ギャグで異名は「銀座」）で着席する場合はチャージ料300円（75分）

てり串 栄本店

栄のど真ん中で昼飲み 酔客集う一角が街の表情を豊かに

繁華街・栄の中心、プリンセス大通り沿い。オープン当初は“イスないの?”と帰ってしまう人も少なくなかったそう。10年ちょっと前は名古屋で立ち飲みできる店は数えるほどしかなく、ましてや栄のど真ん中で昼飲みもできる店に戸惑う人も少なからずいたようだ

名古屋の繁華街・栄のど真ん中、プリンセス大通りに面する屋台風の立ち飲み屋。表まで炭火焼の香ばしい煙が漂い、通りに面したカウンター席で明るいうちからジョッキを空ける人の姿も。名古屋人に「昼から飲んじゃっていいんだ!?」と気づかせてくれたという点で、飲んべとしては表彰状を進呈したい!

およそ10年前のオープン後間もなくは夜だけの営業。ほどなくランチを始めたのをきっかけに昼飲みを導入した。

「ランチのついでに飲んでいくお客さんが意外といたので、だったら通しで営業しちゃおう、と今のスタイルになったんです」と女将の北岸恵理子さん。

本格的な炭火焼きも立ち飲みのイメージに新しさを吹き込んだ。タレは炙った鶏ガラがダシ。2度つけ焼きした後に、濃度の濃いタレをつけ

てりくし さかえほんてん

平成20年創業／map …P181
名古屋市中区栄3-9-17松樹ビル1階
TEL 052・242・0070

20席（カウンター20）
OPEN 11:30～翌1:00
（土祝前日は～翌2:00）
無休
地下鉄栄駅より徒歩3分

430円（アサヒスーパードライ樽詰）
1合425円
500円
300円（キャベツ）
炭火串焼きもも120円、皮120円、ねぎま160円、ハツ165円、特製つくね215円、串カツ150円、おでん各150円、卵かけご飯390円、おでんだし茶漬け490円、ランチ300円～
てり串 金山店

左：おでんは各種150円。浜松にかつてあった「呑しょう」（どんしょう）のつゆを受け継いだ。お好みでつけられる味噌も八丁味噌
右：手前から希少部位のえくぼ（骨盤）、ふりそで（肩肉）、べた（背筋）、ちょうちん、そして店内で手ごねしているつくね

八丁味噌で時間をかけて煮込むどて煮495円も名物

若い女性もカウンターで昼飲み

女性スタッフの明るい接客に魅かれて足を運ぶファンも多い

て合わせて3度、焼き上げる。塩は昆布塩。粒の細かい塩をまぶして口当たりをまろやかにし、粗塩をまぶして二度焼きすることでピリッとしたアクセントを加える。

　おでんは60年前に浜松にあった名店「呑しょう」のダシを継承。どて煮は岡崎・カクキューの正真正銘の八丁味噌を使い、国産のもつをことこと煮込む。月に1度入荷する南紀州産の軍鶏を楽しみにする常連も多い。素材選びにも調理にも手を抜いてないからこそ、立ち飲みにも昼飲みにも慣れていなかった名古屋っ子の心をつかんだのだった。

　焼き場から「〇〇さーん！」と声をかけられて、しょうがないなぁという体で店先で軽くひっかけていく常連も。今度は自分も〝しかたがないフリ〟をして昼飲みしたい。

みのや北村酒店

店内のあちこちで立ち飲み 自由すぎる酒屋の酒場

テーブルの下が本棚になっていて北村さんの蔵書が並べてある。黙々と読書にいそしむ本好きの飲み客も多い

店内で販売する酒やつまみはすべてその場で飲食できる

酒屋のあちこちにテーブルが配され、窓際で外を眺めたり、書棚つきの卓で読書にふけったり、レジ横で店主と語らったり。思い思いにほろ酔いを楽しむ、てんでばらばらな一体感のなさが自由すぎて居心地がいい。

「テレビで野球やプロレスを見ながら飲むお客さんが店内にあふれ返っているのが日常の風景でした」と3代目の北村彰彦さん。昭和60年代にコンビニ風に改装しても店で飲むお客は途絶えず、座り込んで酒を空ける人も。北村さんが店に入った15年ほど前、誰もが安心して入れるようにと「立ち呑みの掟」を明文化したのが、自由だが秩序が保たれた現在のスタイルへとつながっている。

月1～2回は音楽ライブもあり、この時ばかりは店内に一体感が生まれる。「無農薬野菜クッキングライブやポーカー教室も開催したい」という北村さん。自由すぎる立ち飲み屋の楽しみ方は、ますます自由に広がっていきそうだ。

みのやきたむらさけてん

昭和13年創業／map …P182
名古屋市東区矢田1-5-33
TEL 052･722･0308

20席（カウンター20）
OPEN 9:00～22:00
（土日は10:00～20:00）
日休
地下鉄大曽根駅より徒歩1分

大瓶380円（主要メーカー各種）
360円（サッポロ黒ラベル）
グラス400円（各種）
無
おつまみ菓子50円～、魚肉ソーセージ110円、チーズかまぼこ120円、山菜そば280円、きつねうどん280円

コピーライター、建築関連などの職を経て家業を継いだ北村彰彦さん

第四章 立ち飲み

佐野屋

角打ちの極意、立ち飲みの流儀にのっとり呑んべに徹する

明るいうちから呑んべでにぎわう。平日は近隣の年配者、仕事帰りのビジネスマンが多く、週末はグッと平均年齢が下がる

一見フツーの街の酒屋さん。だが、奥には魅惑の呑んべパラダイスが。見知らぬ人と言葉を交わしたいなら中央のコの字のカウンターへ、じっくり酒を味わいたいなら壁際へ、仲間同士なら小さなテーブルを囲んで。飲み方によって飲み場所を使い分けられる。

「祖父の代の頃から角打ちがあり、15年ほど前の改装を機に純粋に飲むためのカウンターを設けました」と店主の横田栄嗣さん。酒はおよそ200種。愛知の地酒に力を入れるとともに、ホッピーやキンミヤ焼酎など名古屋ではあまりなじみのない大衆酒も。つまみはほぼ毎日新鮮なマグロの中落ちが入荷される他、夜と日曜は揚げもの、冬はおでんもありと角打ちとは思えないほど充実している。とはいえ長っ尻しないのも(尻は下ろしてないが)立ち飲みの正しい楽しみ方。貼り出された「立ち飲みの流儀」に記してあるとおり、深酒せずに「未練なく店を去る」こととしよう。

さのや

大正15年創業／map …P182
名古屋市北区大曽根3-13-13
TEL 052・991・8175

30席(カウンター30)
OPEN 10:00～21:00
(土祝は～19:00、日は12:00～18:00)
月２回日休
JR・地下鉄大曽根駅より徒歩3分

大瓶350円(キリンラガー、アサヒスーパードライ、サッポロラガー)
300円(アサヒスーパードライ他1種)
200ml 250円(越乃旨酒)
100ml 150円
無
焼き鶏1串80円、とん焼き1本120円(串物は2本～)

市場直送のマグロの中落ちは一番人気。200円と格安！どて煮230円や串物80円～ともれなく安い

おとくや

ブーム到来を先取りした高架下の無頼派立ち飲み

近い範囲で2度移転し、現在の場所に

コワモテだが気さくな「キャプテン」こと服部覚さん。サントリーのハイボールタワーは東海地方でも数えるほどの店舗だけが取り扱う

ＪＲの高架下といういかにも立ち飲みが似合うロケーション。母体は4代続く酒屋・徳屋酒店で、きっかけはＪＲから空き物件の賃貸を持ちかけられたことだという。

「倉庫にでもしようかと思ったんだけど、米屋のおにぎり屋や魚屋の寿司屋があるんだから、じゃあうちは酒屋だから飲み屋をやろうということになったんだよね」と、キャプテンこと店主の服部覚さん。開店した当時は老舗以外は市内に立ち飲み屋はほとんどなく、軌道に乗るまでは何年もかかったそう。だが、市場から仕入れる鮮魚やハイボールタワーの導入など魅力を高め、お客の心をつかんでいった。

壁には立ったまま読めるようにその日の新聞が貼り出され、3000円で100円サービスのお得なチケットも喫茶店みたいで名古屋のオジさんの心をくすぐる。他のお客とも店主とも距離が近く、バンカラなキャプテンのキャラクターも気の置けない立ち飲みにはぴったりだ。

おとくや

平成13年創業／map …P180
名古屋市中区金山3-13-11
TEL 無

30席（カウンター30）
OPEN 17:00〜22:00
日休（祝は営業）
JR金山駅より徒歩8分

中瓶 日替わり各種500円
400円（日替り）
1合300円（菊正宗）
無
串カツ200円、おとくコロッケ200円、日替りサラダ400円、本日のマグロ700円
※価格はすべて税込

もつ煮込み500円などつまみはどれも値頃

19時半までのセットは各種あり、写真は生中＋小鉢2品で770円

30人以上が並べる大型のカウンターにお客が鈴なり。このにぎわいにもテンションが上がる

大安

100種もの料理が200円台～
規格外の繁盛立ち飲み

大きなコの字のカウンターがいつもびっしり満員御礼。料理は質、種類ともに座りの居酒屋にもひけをとらない。それでいて価格は立ち飲み屋の相場と比べてもさらに安いほど。流行らないワケがない。

「大安」ののれんには半世紀以上の歴史があり、店主の藤原将雄さんは3代目。初代の頃からの常連で、縁あって店を引き継ぐことに。自身も愛着があった名前を残しながら、メニューを一からつくり上げた。市場を何軒も回って仕入れる魚介は安くて新鮮。素朴な家庭料理を中心とした惣菜と合わせて、メニューはざっと100種類と、立ち飲み屋としては異例の豊富さだ。夜7時半までのセットは、熱燗＋小鉢2品680円、生中＋小鉢＋刺身盛り合わせ830円とさらにおトクだ。

金山駅近くという場所柄、仕事帰りのビジネスマンが多くを占める。途中下車してでも立ち寄りたい。

だいやす

平成13年創業／map…P180
名古屋市熱田区波寄町22-24
TEL 052・883・6252

37席（カウンター37）
OPEN 17:00～22:00LO
（土は～20:00）
日祝休
JR・地下鉄金山駅より徒歩5分

大瓶550円（サッポロ黒ラベル、キリンラガー）
470円（キリン一番搾り）
1合380円（凛々）
無
刺身300円～、天ぷら・フライ300円～、砂すじ150円、ポテトサラダ220円、バイ貝煮つけ350円

もともとバーをやっていた店主の藤原さん。店を継いだのを機に、初代時代の立ち飲みを復活させた

コラム

駅西の大躍進

アニメロード構想に先んじて飲み屋で盛り上がる駅西エリア

大黒

立呑み 焼きとん 大黒 名駅西口店　平成21年創業／ map …P179　名古屋市中村区椿町8-6
TEL 052・453・3077　24席（カウンター20・テーブル4卓）　OPEN 15：00〜深夜0：00　無休
JR名古屋駅より徒歩3分　490円（プレミアムモルツ）　1合290円（国盛）　390円（黒丸、八重丸）　席料 2階のみ350円　串焼きれば70円、台湾肉巻き串290円、牛串焼きショウチョウ190円、味噌おでん130円、大黒ブタ麺290円　立呑み 焼きとん 大黒 住吉店、金山店 他

前作『名古屋の居酒屋』で、〝名古屋屈指の居酒屋激戦区〟として取り上げたのは名駅三丁目、通称「名三」(メイサン)だった。

それから8年、この間に大変貌を遂げたのが名古屋駅をはさんで反対側に当たる駅西エリアだ。超高層ビルが建ち並ぶ駅の東側に対して、西側は古い商店が残り下町風情が残る。以前から飲み屋が決して少なくはなかったが、このエリアに飲みにくり出す若い世代の姿を見かけることは稀だった。ところが、今では飲みを目当てにまっすぐ駅西を目指す人たちも少なくないようになった。

串焼き5本盛り590円。他に惣菜、刺身、鉄板料理、ご飯物、麺など立ち食いながらメニューは豊富

魚椿

立呑 魚椿本店　平成23年創業／map…P179　名古屋市中村区椿町8-6　TEL 052・453・8555　24席（カウンター10・テーブル3卓）　OPEN 15：00〜深夜0：00　無休　JR名古屋駅より徒歩3分　480円（プレミアムモルツ）　1合250円（契）　380円〜　席料 2階のみ250円　刺し身450円〜、天ぷら180円〜、山芋の竜田揚げ380円、爆弾冷奴380円

その象徴が「大黒」「魚椿」「風ふう屋」が並ぶ椿町の一画。お客が歩道にまであふれ返るほどのにぎわいが連日くり広げられる。「大黒」と「魚椿」は名古屋では画期的な立ち飲み業態でお客の心をつかんだ。もともと近隣の勤め人向けだったが、近年は繁盛が繁盛を呼ぶ相乗効果で、県外の出張族や観光客、地元の若い世代や女性にまで客層が広がっている。

リニア開業に向け飲み屋の出店は今後も加速しそう。共通するエリアのアニメロード構想が実現した暁には、千鳥足の波平さん像が必須と思うのだがいかがだろうか？

天ぷら3種盛り450円とお刺身3種盛り（なぜか5種ついてくる（笑））680円はともにコスパ最強！

酒場

第五章

学問が、かつては上流社会の人のみが
享受できる高等な娯楽だったように
何かについて探求したり、
深い知識を得ることはそれだけで大いに楽しい。
酒も、詳しく知ることでより楽しく、
そしておいしくなることは間違いない。
店主の深い知識や愛情で酒をいっそう
おいしく味わえるこだわり酒場へようこそ。

BIERHAUS
Pilsen

BEER BOUTIQUE
KIYA

オステリア・ラ・ルーナ

焼酎居酒屋
モモガッパ

Y.MARKET
BREWING
KITCHEN

こだわり
みち藤
日向バンカラ
カフェ
レンベーク
一位
和み酒 鬼灯

Y.MARKET BREWING KITCHEN

名駅の真ん前でビールづくり 醸造所直結のビアレストラン

オーナーの山本康弘さん。家業の酒屋でクラフトビールの販売を始めたのを機に、クラフトビール主体のレストラン、ビール醸造所、ブルワリーレストランと、クラフトビールの楽しみ方を伝える店や施設を続々と手がけている

名古屋で、しかも名古屋駅のすぐ近くでビールを醸造しているなんて、まだ知らない人も多いんじゃないだろうか。Y.MARKET BREWINGは、名古屋市内唯一のクラフトビール醸造所として平成26年1月にビールづくりを開始。店名は所在地である名古屋の台所、柳橋市場に由来する。その2階スペースで、ここでつくったビールだけを飲ませるレストランがY.MARKET BREWING KITCHENだ。

オーナーの山本康弘さんは柳橋市場で昭和初期から続く「酒の岡田屋」の3代目。「平成20年頃からクラフトビールの販売に力を入れるようになり、全国のブルワリーの取り組みにふれるうちに、自分たちでもつくれるんじゃないか?と思ったんです。僕が子どもの頃は柳橋はまっすぐ歩けないほどすごい人出で、当時の活気を取り戻すきっかけにもなれ

わいまーけっと
ぶるーいんぐきっちん

平成26年創業／map …P179
名古屋市中村区名駅4-17-6
TEL 052･533･5151

64席（カウンター12・テーブル13卓）
OPEN 15:00〜23:00
（土日祝は11:30〜）
無休
地下鉄国際センター駅より徒歩1分

800円（オリジナルクラフトビール各種）
グラス500円、ボトル3900円〜
無
つまみ各種380円、チキンウイング4ピース480円、ロティサリーチキン・ハーフ980円
CRAFTBEER KEG NAGOYA、柳橋TERRACE、エール エール ギフ（YELL! ALE!! GIFU）、醸しメシかもし酒糀や

左：1階の醸造所。年間8万ℓを供給できる。平成31年には名古屋市西区に新工場が完成し、生産力は5倍にアップした
右：コンクリート貼りのクールな空間。カウンター上には、かつて餡店だった時代に使われていた木箱を効果的に配している

ビールの苦味が活きた馬すじの自家製ビールどて煮580円

味噌入りのデミグラスソースを使った鉄板名古屋ハヤシ980円

手前からパープルスカイペールエール、ヒステリックIPA、ガトースタウト。レギュラーサイズ各800円

ばと考えました」

ビールは最大10種類。爽やかでゴクゴク飲めるアメリカンペールエール、青リンゴやライチ、柑橘系の香りのホップを使ったIPA、ゆずやぶどうを使ったフルーツビール、チョコやカラメルを思わせる香りや苦味の黒ビールなど、バラエティに富んだテイストを楽しめる。醸造所直結だからどこよりもフレッシュな状態で飲めるのも魅力だ。

フードはビールに合うおつまみ系が多彩で、手羽先、どて煮、とんちゃんなどのアレンジ名古屋めしも。平日は昼3時、週末は午前のうちからと明るい時間から飲めるのも名古屋の玄関口のブルワリーレストランにふさわしいおもてなし。メイド・イン・名古屋をゴクゴク、がっつり、味わっていただきたい。

BIERHAUS Pilsen

名古屋の本格ビアハウスの先駆け
旧式サーバーを駆使して注ぐ珠玉の一杯

「ドイツで最先端の技術も学んだが、この淹れ方で正解だったと確信を得ました」という マスターの鈴木範明さん

ドイツビールのトップブランド、ビットブルガー。これを樽生で飲める店は全国でも数えるほどしかない。

名水の郷で生まれたキレ味抜群のピルスナーを最高の状態で提供するために欠かせないのが、カウンターに据えつけられた円筒のサーバー。旧式の氷冷式で、今では世界的にもほとんど見られないものだという。「ビールをおいしく飲んでもらうためにいろいろと試した中でこれがベストだった」とマスターの鈴木範明さん。コックにつながるパイプが太い分、流速が速く、「技術がいるが、うまく注げばビール本来のうまみを最も引き出せる」という。勢いよく流れ出るビールを3度に分けてグラスで優しく受け止める。こんもり盛り上がった泡はきめ細かくクリーミー。日本人好みのすっきりとしたのどごしの後から、麦の香りとホップの爽

びあはうす ぴるぜん

昭和56年創業／map …P180
名古屋市中区新栄1-4-5
TEL 052・241・2911

53席（カウンター3・テーブル9卓）
OPEN 16：00～23：00
日休（月に1回月休）
地下鉄新栄駅より徒歩3分

小瓶900円（ピルスナーウルケル、ギネススタウト）
600円（ビットブルガー、ケストリッツァー、ハーフ＆ハーフ）
グラス800円
無
ソーセージ1000円～、生ハム1200円、田舎風パテ900円、豚肉のグリル1800円、ピザ1200円、スパゲティ1200円

左：ビッドブルガーは19世紀初めに創業し、ドイツで最も飲まれているピルスナービールのひとつ
右：レンガ造りとドイツの国旗が目印の建物は昭和30年築。名古屋にまだ個人経営のビアハウスもドイツ料理専門店もほとんどなかったおよそ40年前に創業した。店名の「Pilsen」はピルスナービール発祥のチェコの町の名前

ポテトチャンプ800円はビールのお供に欠かせない定番

マスター自慢の自家製ピルゼンソーセージ1200円

暖炉もある重厚な店内装飾もドイツ式ビアハウスにふさわしい

やかさが立ち上る。

　料理ももちろんビールに合うものばかり。中でも名物がポテトチャンプ。アイルランドの田舎料理と名前は同じだが、この店独自のオリジナルで、ゆでたジャガイモにソテーした野菜を加えたもの。塩コショウとバターによるシンプルな味つけで、ジャガイモのほくほく感と野菜の甘みが際立つ。ドイツ産のスパイスや塩を使った自家製ソーセージも自慢の一品だ。

　レンガ造りの内外装や年代物の調度品の数々には風格があり、半地下やロフト席などはちょっとした隠れ家感も。1人で訪れるならカウンターに。ビールを注ぐマスターのキレのある手さばきを見ながら珠玉の一杯を味わいたい。

レジスターもここ以外ではほとんど見られない旧式

カフェ レンベーク

400種ものレア銘柄を通して食の多様性への興味が深まる

オーナーの中村暢秀さん。20代前半の時に故郷・蟹江町でクラフトビールの店「SPA」を開き、8年後にベルギービールに特化した現在の店をオープンした

ベルギー本国まで足を運び、希少な小規模ブルワリー産を中心におよそ400銘柄をセレクト。樽生も常時8種を用意し、売り切るごとに入れ替えて年間約100種を取り扱う。豊富なラインナップは、毎週のように足を運んでもコンプリートするのは至難の業だ。

「日本酒やワインは大手の商品を扱う店と小さな醸造元の銘柄を扱う店との住み分けができている。ベルギービールもそうである方が自然だと思うんです」とオーナーの中村暢秀さん。

バラエティに富んだその魅力を楽しむための一番の秘訣は、中村さんいわく「ビールだとは思わないこと」。

「フルーティーだったり酸味があったり、日本のビールとは全然違う。ビールとはこういうものという先入観があると、その違いが違和感に

かふぇ れんべーく

平成20年創業／map …P186
名古屋市千種区本山町4-52
ハートイン本山1階
TEL 052・734・8558

30席（カウンター7・テーブル4卓）
OPEN 18:00〜翌3:00
（日は〜深夜0:00）
月・第1日休
地下鉄本山駅より徒歩2分

- 小瓶900円〜（ベルギービール各種）
- 800円（ベルギービール各種）
- 無
- 自家製スモーク300円〜、本日のキッシュ600円、ひな鶏の燻製ロースト1600円、コロンボライス1050円〜、レンベーク風グーラッシュ（ベルギー牛丼）1100円

左：季節にマッチしたビールなどいつ訪れても新しい希少な銘柄と出会える
右：1人でも利用しやすいカウンターやグループ向けのテーブル席など、レイアウトは多彩。コース料理の予約もできる

毎日店で焼き上げるキッシュ

ベルギービールに合うチーズケーキ500円

イベリコ豚の自家製白ソーセージ1250円、フレッシュムール貝の白ビール蒸し500g1900円

なってしまう。飲んだこともないお酒を飲みに来た、と思えば常に新しい発見があって楽しめると思います」

４００種もあると何を選べばいいか迷ってしまうが、中村さんはこうアドバイスする。

「まずは飲みやすい度数の低いものから。樽生ならより口当たりがよく飲みやすい。慣れてきたらカクテルのリクエストのようにイメージを伝えてくれれば、多彩な味わいに出会えます」

カウンターに個室風のテーブル席、ラウンジのようなソファ席に屋外の立ち飲みスペースとレイアウトもまたバラエティ豊か。専門店でありながら決してマニア御用達の堅苦しさはなく、美味への好奇心旺盛な大人が集う大らかさが店全体に漂う。食の多様性に興味がわくと自ずと寛容さが育まれる。ベルギービールの多彩さを通して、そんな心持ちにすらなれるのだ。

BEER BOUTIQUE KIYA

ベルギービールの伝道師が開いた持ち込みＯＫの自由すぎる空間

オーナーの三輪一記さん。ライフワークとしてベルギービールの普及に努め、毎年現地へ渡航。『ベルギービール大全』などのガイドブックも著す

酒屋で飲める、というと日本では角打ちのディープなイメージが真っ先に頭に浮かぶ。が、ここは「ビアブティック」という冠の通りいかにもおしゃれ。季節ごとに変わる外の景色を借景にしたカウンターも小粋で、外回りの合間にティーブレイクならぬビアブレイクしたくなる。

オーナーの三輪一記さんは明治24年創業の老舗酒屋の４代目にして、日本にベルギービールを普及させた第一人者。ここでは実に約２００種もを取り扱う。

「26歳の時、お客さんのリクエストでベルギービールを取り寄せたのが出会い。今から四半世紀ほど前のことです。自分でも飲んでみると、香りも味わいも日本のそれとは全然違う。〝何だこれは？〟と思いすぐに現地へ飛んで行きました」

ベルギーではビールは国民的飲料で、野生の酵母を使うなど製法もバ

びあぶてぃっく　きや

平成29年開店／map …P181

名古屋市中区丸の内3-8-2

木屋丸の内ビル

TEL 052･962･1471

27席（カウンター3･テーブル2卓）

OPEN 12:00～20:00（LO19:30）

日祝休

地下鉄久屋大通駅より徒歩6分

600円～（ベルギービール各種）

グラス100ml 300円～（長珍新聞紙シリーズ）

無

アーモンド150円、缶つま400円～、チーズクラッカー400円、オリーブ400円、ビーフジャーキー450円

左：ベルギーでは銘柄によって専用グラスを使う。ボトルと合わせてグラスをコレクションするのも楽しみのひとつだ

右：ボトルは定番を中心に季節ごとの限定品なども販売。店内で飲むこともできる。1本500円～

1階はカウンターの他、大きなテーブルが２卓。２階には最大50名を収容するスペースもある

パイプタワーで対面式でビールを抽出するのもベルギーでは一般的。「ベルギービールは味わいが多様なので、いろんなビールにチャレンジできる面白さや奥深さがあるんです」と店長の青島由枝さん

ラエティに富んでいる。三輪さんは日本には紹介されていない醸造所とのルートを開拓し、10年以上前からは独自に輸入も手がけるように。代々続いた酒屋もベルギービール専門に変え、移転を機に店内でも飲めるスタイルを導入した。

「ベルギーには常連が自然と集まってワイワイ飲んでいるビアカフェが街のあちこちにある。そんな場所をつくりたかったんです」

飲食店ではなくあくまで酒屋なので、販売するつまみは乾き物くらいで、その代わりに食べ物の持ち込みOK。2990円で2時間飲み放題というお得なプランもあるので、仲間同士で好きなつまみを持ちよればビアパーティー会場になる。これはもうビール好きなら迷う余地なし。筆者も絶対活用します！

第五章

こだわり酒場

一位

こてこて名古屋テイストに負けない愛知の酒を提案

「愛知の酒はこの15年くらいですごくレベルが上がった。全国に誇れるよ」とマスター尾崎勤さん

愛知の地酒の品揃えは名古屋でも指折り。無ろ過の生原酒、秋のひやおろしなど、生産量が限られた希少銘柄と出会えるチャンスも多い。

「旅先で飲む地酒がうまいのはその土地の食いもんと合うから。うちの店の料理は醤油や味噌の風味が濃いこてこての味だから、うま口の愛知の酒が合うんだわ」とマスターの尾崎勤さん。

各地の蔵元へ熱心に足を運び、県内のおよそ30の蔵元と取引。酒の種類によって異なる温度の冷蔵庫で管理し、ベストの状態でお客に提案する。限られた時期にしかないものも多く、セレクトはマスターにお任せするのが得策。うれしそうに一升瓶を何本か抱えて持ってきてくれ、特徴や背景を解説してくれる。

料理はジャガイモに煮詰めたてりをからめたピーピー芋、わさびやにんにく、柚子胡椒などの薬味で食べ

いちい

昭和58年創業／map …P180
名古屋市中区栄1-11-26
TEL 052・201・6222

76席（カウンター9・テーブル12卓・個室1室）
OPEN 18:00〜23:00
（土は〜22:00、LO 各30分前）
日祝休
地下鉄伏見駅より徒歩3分

中瓶600円（キリンラガー、プレミアムモルツ）
600円（サッポロ黒ラベル）
1合400円〜
無
日替わり惣菜400円〜、刺身1000円〜、ベーコンステーキ1200円、雑炊600円〜

左：惣菜は日替わりで400円〜
右：酒好きの幅広い世代で店内はいつもにぎやか

名物のカツオの炙りは醤油をつけず3種の薬味で味わう。1000円〜

〆にハズせない名物の雑炊600円〜

酒の種類によって異なる温度の冷蔵庫で管理する

るカツオの炙り、分厚いベーコンステーキなど名物がたくさん。値段の表示がないため初めてだとちょっと不安になるかもしれないが、惣菜は４００円台〜とあくまで庶民派価格なのでご安心を。

〆は雑炊。海苔や梅などトッピングによって20種ものバリエーションがある。一人前ずつ専用コンロで炊き上げ、ごはんはやんわり、玉子はふんわり、野菜はシャッキリ。アツアツで酔いざまし効果もある。

品揃えの専門性は高いが、マスター以下スタッフの人柄が明るく、とにかく楽しく飲める。近隣の蔵の杜氏と出くわすこともあり、日本酒談義に花を咲かすチャンスも。気持ちよく酔っぱらいながら愛知の酒への愛を深めよう。

路地の入り口にある緑の看板が目印

みち藤

熱燗、ぬる燗、燗ざまし
純米酒がよりおいしく、優しく

カウンターが空いていれば迷わず着席。店主との会話を楽しみながら飲むと日本酒への愛情と知識が深まる

訪れたのは日が暮れても気温30度を下まわらない熱帯夜。うまい日本酒を飲ませてくれると聞いていたので、キリッと冷えた冷酒でも…と思ったら「うちは基本的に燗でお出ししているんです」とご主人。日本酒は日本酒でも、純米酒、しかも燗に合うタイプに特化した専門店なのだった。

　出てきたのは熱々の燗ではなく、40度くらいのぬる燗。燗にした後に少し冷まし出す「燗冷まし」という飲み方で、うまみ、甘み、香りを感じ取りやすくなり、特に最初の一杯には最適なのだという。温かい酒は、刺身や水ナスのあえものといった冷たい料理を優しくおなかに運んでくれる役割を果たし、もちろん焼き魚に合わせると互いに引き立て合う。何より夏バテ気味だった体を優しくいたわってくれるようだ。

「最初の10年くらいはごく普通の居

みちふじ
平成7年創業／map …P181
名古屋市中区丸の内3-8-18
宮ハイツビル1階
TEL 052･973･0039

22席（カウンター4･テーブル5卓）
OPEN 18:00〜 LO22:00
日休（3･4月は土休あり）
地下鉄久屋大通駅より徒歩10分

中瓶750円（エビス）
750円（エビス）
1合900円〜
グラス650円〜
1000円
マグロ刺身1100円、アジなめろう、イワシフライ、鯛あら煮、ゴーヤ炒め煮、馬刺し2200円、コース4000円〜

左：「純米専用」とかわいらしい文字で書かれた徳利で燗酒が出てくる
右：地域にはこだわらず全国各地の銘酒を厳選する

馬刺しは一年を通して用意している。噛むほどに甘みが出て、燗酒の甘さと相性がいい

魚介は焼・煮・刺身と好みに応じて調理してくれる

店主の林田さん。蔵元の見学会なども主催する

酒屋でした。でも、料理は鮮魚が中心だったので、燗酒の方がよりおいしさが引き立つことに気づいたんです。九州出身で親が必ず焼酎をお湯割りで飲んでいたので、温かい酒にもともと親しみを感じていたのかもしれません」と店主の林田新一さん。生酛《きもと》づくり、山廃仕込み、にごり、速醸といった製法による、燗にすることでよりおいしく飲める銘柄を産地を問わずセレクト。これらを熱燗にして飲み口を軽やかにしたり、濃い口のものは加水してバランスを整えるなど、個々の特徴に合った方法で提供する。

　燗酒の優しさは飲んだ時の印象だけではないそう。「人の体温に近いので、浸透しやすく抜けやすい。つまり悪酔いしないんです」と林田さん。それならもう一杯、お薦めの燗つけでお願いします！

和み酒 鬼灯

酒蔵の声が飲み手にも届く日本酒愛にあふれた新鋭店

「日本酒は〝食に寄り添ったお酒〟。料理との組み合わせでよりおいしく楽しめます」と店主の鬼頭一寿さん

入口の壁には全国の蔵元の主や杜氏らの寄せ書きがびっしり。有名人のサインがべたべた貼ってあるよりもよほど説得力がある。ひとつひとつのメッセージは、この店が日本酒への深い愛情を持ち、生産者とのつながりを大切にしていることの証だ。

「20代後半の頃、北陸で地元の酒と料理を食べ合わせるイベントに参加して、〝組み合わせによってこんなに味わいが変わるんだ！〟とびっくりしたんですよ」

日本酒に傾倒するようになったきっかけをこう語る店主の鬼頭一寿さん。以来、常に酒とのバランスを念頭に料理をつくるようになった。鮮魚や煮物はもちろんのこと、例えば洋食ならクリームソースやチーズなど乳製品のまろやかさを加えて日本酒との相性を高めるなど、酒を意識することによって調理に対する工夫

なごみざけ ほおずき
平成30年創業／map …P179
名古屋市中村区椿町20-12
西原ビル B1
TEL 052･453･4029

60席（カウンター14・テーブル6卓・座数６卓）
OPEN 17:00〜深夜0:00
（日は15:00〜22:00）
月休
JR・地下鉄名古屋駅より徒歩3分

580円（プレミアムモルツ）
グラス100ml 570円〜
500円
どて串カツ120円、手羽先のからあげ580円、名古屋コーチンのだし巻き玉子780円、あて盛り合わせ980円、ミニスパイシーカレー680円、ざるそば580円

左：日本酒は常時100種類以上。全国の銘酒と愛知の地酒をバランスよく取りそろえる
右：魚介類は知多半島・豊浜漁港から直送。天然物だけを取り扱う。刺身盛り合わせは2人前1980円

穴倉感のあるロフト席

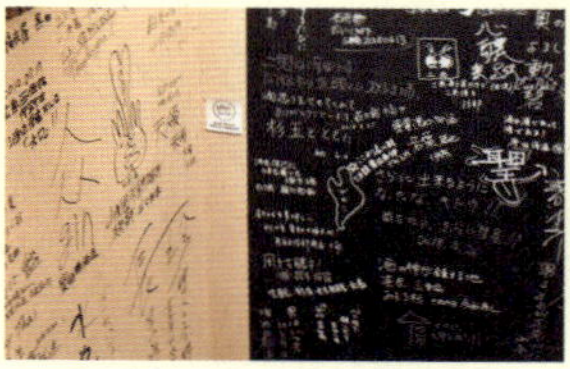

入口の壁と黒板に書かれた各地の蔵元の寄せ書き

カウンターのお客の平均年齢は意外なほど若い。日本酒の将来はこれで安泰（？）

や発想の幅も広がっていったという。

自身が経験した日本酒によって広がる食の楽しみ。これを多くの人に伝えたい、という思いが店の原点だ。

「四季がある日本は時期によっておいしいものがどんどん変わっていく。だからその時々の旬の食べ物に合わせてお酒を提案します。日本酒が好きな人をもっともっと増やしたいんです」

こんな熱い思いは内に秘め、提案はあくまで控えめ。だが、冒頭の寄せ書きをはじめ、店内のいたるところに並べられた四合瓶や一升瓶などから日本酒愛は伝わってくるはず。季節の料理との組み合わせや旬の希少種など、好みや気になる酒をリクエストすると、おまかせあれとばかりに丁寧にチョイスし説明してくれる。店主らの日本酒愛を引き出すほどに店の魅力にいっそう深くふれられる。

自家製さつまあげ680円。モモガッパサラダは580円

焼酎は約120種類。蔵元とのつながりを通して選んだ確かなものだけを厳選している

モモガッパ

酒にもお客にも注がれた愛情がしみる焼酎居酒屋

「焼酎は悪酔いしないし、体に優しいお酒なんですよ」という焼酎のソムリエ「チョムリエ」こと楠本愛さん。蔵元へスタッフみんなで足を運び、さらに生産者を招いて産地の酒と料理を提案する会を年に何度も開催。あらかじめ水で割っておくことで角が取れてまろやかになる前割や、スッキリ飲めて華やかな香りを楽しめる炭酸割など、様々な楽しみ方も提案してくれる。

料理も体に優しいものばかり。自然栽培の野菜や伝統的製法の調味料、さらには水まで口に入るものすべてを選りすぐっている。象徴的な一品が一番人気のモモガッパサラダ。ざく切りしたキュウリをゴマ油ドレッシングであえて小ねぎをちらしたシンプルなものだが、自宅で試しにつくってみても、味の深みを絶対に再現できない。

明るいスタッフによるアットホームな接客にも癒される、心にも体にも優しい一軒だ。

ももがっぱ

平成13年創業／map …P181
名古屋市中区錦三丁目12-30
第2ワシントンアネックス1F
TEL 052・957・2257

52席（カウンター10・テーブル4人×4卓、6名×1卓・座敷8人1卓、12人1卓）
OPEN 17：00～翌1：00（金、土は～翌2:00、LO各1時間前）、日祝休
地下鉄栄駅より徒歩5分

600円（白穂乃香）
500円（ハートランド）
1合650円（高砂）
500円～
300円
自家製つくね380円、日替りおばんざい400円、地鶏の肝っ玉焼き730円
かっぱの茶の間、Buttagappa ブタガッパ

飾らない雰囲気の店構え。店主の姪っ子が描いた壁のかっぱの絵もかわいい

日向バンカラ

九州男児の心意気で焼酎に目覚めた名古屋人多数！

焼酎は夏向けや秋冬向けなど季節に合わせたタイプも提案

宮崎県出身の大将こと小宮幸人さん。九州の蔵元を中心に約300種の焼酎を取りそろえる

店名の通り九州男児の男臭さがぷんぷん。名古屋でいち早く、焼酎を分厚く取りそろえたのも宮崎出身の店主の郷土愛からだった。「〝名古屋に焼酎ブームは来ない〟と店を始めた頃にいわれましたけど、売れなきゃ自分で飲めばいいや、と思ったんです」と笑う小宮幸人さん。筆者もそのきっぷのよさに魅かれて焼酎に目覚めた口。同類は他にもたくさんいたのだろう。ほどなく名古屋にも焼酎ダイニングがあちこちにできた。だが、流行に乗った店とは注ぎ方ひとつで一目瞭然。後追いの店がカクテル用のメジャーカップでちまちま計って出すのに対し、ここはコップにどばっと注いでくれる。本来の飲み方が分かっているからこそその豪快さがあるから、ここで焼酎に魅了されたファンが変わらず訪れる。

料理も日向地鶏の炭火焼き、さつま揚げ、からし蓮根、冷や汁など九州の郷土料理が中心。気取らずバンカラに飲み、食べたい！

ひゅうがばんから

平成9年創業／map …P181
名古屋市中区栄3-12-32
レジャーセンタービル1階
TEL 052･243･8408

46席（カウンター10･テーブル10卓）
OPEN 16:00～深夜0:00
日休（日月連休の場合は日営業、月休）
地下鉄栄駅より徒歩3分

中瓶500円（アサヒスーパードライ）
グラス300円（アサヒスーパードライ、アサヒ黒生、ハーフ&ハーフ）
1合350円（松竹梅）
380円～
300円
炭焼日向鶏580円～、串焼100円～
日向どてかぼちゃ

一番人気は本場宮崎炭焼日向鶏。ギュッと噛み応えがあり、炭火の香ばしさの奥から濃いうまみが出てくる

オステリア・ラ・ルーナ

イタリアワインの品揃えは名古屋随一
都心のビル内に潜む穴場レストランバー

「お客様の好みや料理との相性に合わせて最適なワインをセレクトします」と店長の大金玄卓さん

オープン20周年とのことなので、筆者が足を運ぶようになったのは開店間もない頃だったということになる。信頼する洋食店のシェフが薦めてくれたのがきっかけだったと記憶している。ワインは好きだがちょっと難しくて専門店に入るのは緊張する…そんな苦手意識を払しょくしてくれたのがこの店だった。

オーナーの歳が近く安心感を抱いたこともあるが、何より物腰が柔らかくワインの薦め方も押しつけがましくなくてスマート。もちろんフードとのマッチングは的確で、軽いアラカルトにはフレッシュな白、ラグーソースの手打ちパスタには重厚な風味の赤、しめくくりにはのどごしのよいスパークリングと、食べ物とワインの組み合わせによる相乗効果で両者をいっそう味わい深くしてくれる。

ワインはすべてイタリア産で

おすてりあ・ら・るーな

平成11年創業／map …P182
名古屋市中区栄3-24-11
エフジーパークサイド5階
TEL 052・265・3459

30席（カウンター10・テーブル6卓）
OPEN 17:30〜翌3:00
無休
地下鉄栄駅より徒歩5分

500円（サントリーモルツ）
グラス700円〜、ボトル4000円〜
無（22時以降チャージ400円）
マグロの中トロの炙り500円、自家製ピクルスの盛り合わせ650円
ラ・ルーナ・アッズッラ、
トラットリア・ディアーナ、
菜月・Tabenasse、
リップ ヴァン ウィンクル、
エノテカ・ラ・ルネッタ

左：20周年を記念してイタリアの醸造元で仕込んだオリジナル記念ワイン
右：隠れ家的ムード漂う店内。バックカウンターには店名の「LUNA」＝〝月〟のウォールアートが

エレベーターの扉が開くと目の前にセラーが

奥のソファ席は街の夜景を望める特等席

上：豚肉の田舎風パテ1100円
下：国産牛トリッパのトマト煮1400円

８００種以上。名古屋で屈指の品揃えを誇る。それでもオーナーの吉田直史さんは「あくまでナイトレストランです」と、ワインを料理の引き立て役と位置づける。本場のテイストを大切にしつつも日本人の嗜好に合うよう工夫されたイタリア料理は、アンティパストからパスタ、メインの肉魚料理まで充実している。

　エレベーターの扉が開くといきなりウッディな調度品と漆喰の壁に覆われた空間が目の前に現れ、街中のビルの中らしからぬ穴場感も。夜が深くなるとろうそくが灯され、ＢＧＭがオペラやカンツォーネからジャズに変わる時間帯ごとの雰囲気の変化も面白い。１人でもグループでも、バーとしてもレストランとしても、多様なシーンで活用できる。ワインを身近な存在にしてくれる場として、大いに頼れる存在だ。

コラム

愛知銘酒マップ

実は酒処。愛知県産お薦め銘酒はコレだ

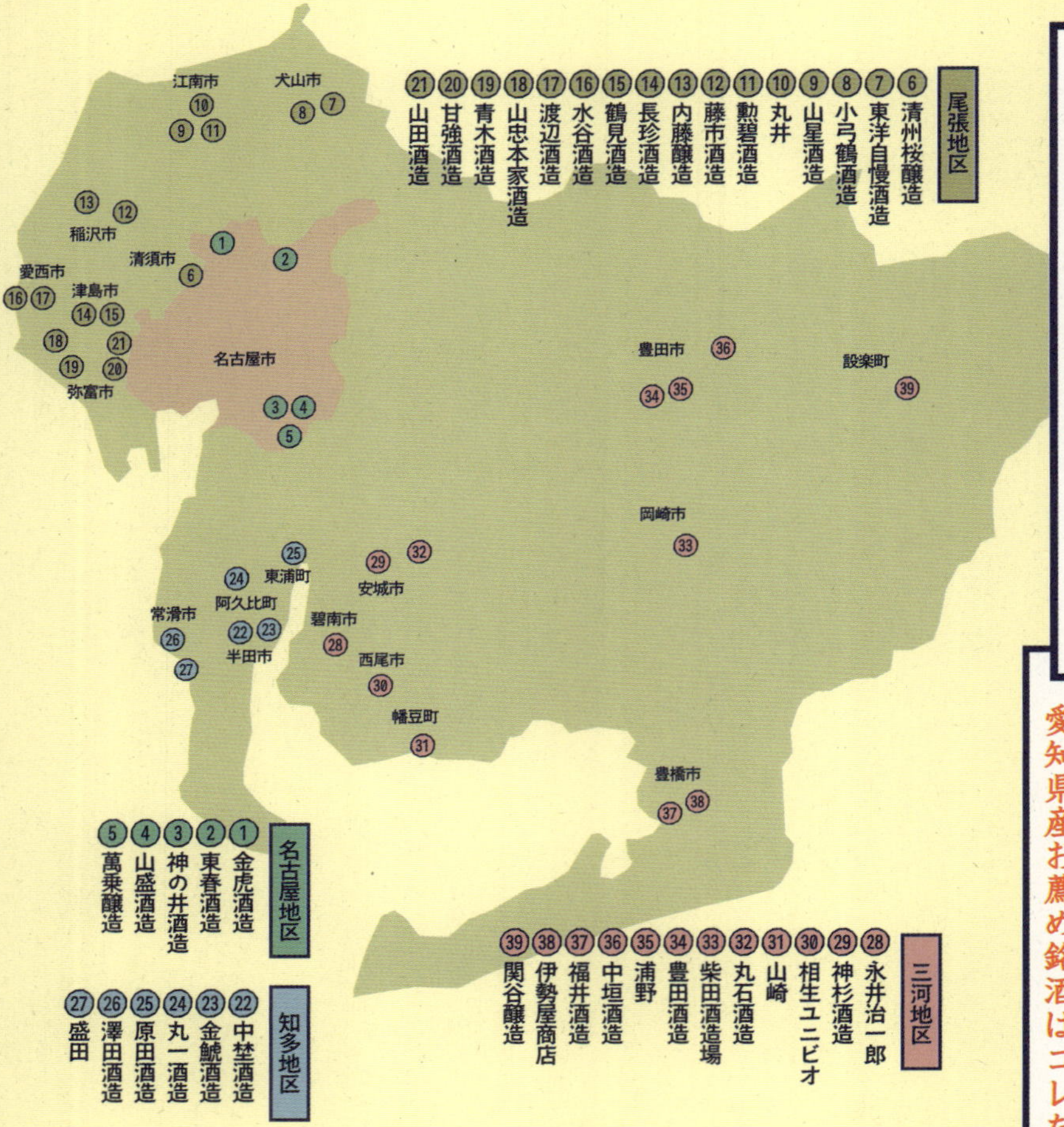

愛知県は実は酒処。味噌や醤油、酢といった醸造業が古くから盛んで、同様に醸造食品である日本酒も県内のいたるところでつくられてきた。県内ではおよそ40の酒蔵があり、名古屋市内にも5つもの蔵がある。

愛知の日本酒の魅力、特色、そして近年の傾向は…？全国の銘酒を取り扱い、県産地酒の販売にも力を入れている「リカーショップオオタケ」の大竹寛さんに解説してもらった。

「かつては愛知のお酒は味わい重視でやや飲み口が重いイメージがありました。特に知多の酒は重いものが多いなど、地域ごとの傾向もありました。しかし、最近はバランスがよくすっきりしたきれいなつくりの酒が増えている。全体的に洗練されてきて、尾張、三河、知多の地域による違いも少なくなっています。どの蔵も技術力が上がって、今はもうまずい酒というのはありません。その中で

柴田酒造場「众《ぎん》 生酛」

3300円

「『孝の司』が代表銘柄の蔵元が、手間のかかる生酛（きもと）づくりに取り組んだ新しい別銘酒。濃厚で酸味もありうまみの奥行きがある。めりはりがきいた味わいが印象的です」

山盛酒造「ネツジョウ」

3300円

「進境著しい蔵元。若い世代が新しい技術を導入し、これまでの典型的な〝知多酒〟から脱皮しようとしている期待感があります。うまみがあって料理との相性が広がるお酒です」

勲碧酒造
「勲碧 純米大吟醸 無濾過原酒」

3518円

「優しい味わいと奥行きある香りを楽しめます。バランスがいい酒づくりに一生懸命取り組んでいて好感が持てる蔵。安価でも評価が高いお酒をつくっています」

東春酒造
「龍田屋 特別純米酒」

2510円

「若い杜氏がしっかりした酒づくりに取り組み、飲食店での採用も増えている蔵。繊細ですっきりとしたうまみがありきめの細かい口当たり。常温かぬる燗にして飲むのが好きですね」

丸石酒造
「二兎 純米吟醸 山田錦55」

3223円

「芳しい香りの中に広がりのある甘さを感じ、弾ける味わい。余韻は心地よく続きます。きれいな酸を出し、バランスのよい酒をつくる。非常に勢いのある酒蔵です」

丸一酒造
「ほしいずみ 純米辛口」

2200円

「全国新種鑑評会で9年連続金賞を受賞した蔵の代表銘柄。辛口ですっきりとした味わいの中に純米酒らしいほんのりとした米のうまみがある華やかな吟醸香を楽しめます」

金虎酒造「虎変 特別純米」

3000円

「平成25年に名古屋おもてなし武将隊とのコラボで生まれた新しいブランド。華やかさとうまみを合わせ持ち、さらりと飲みやすく、ふわりとした香りと余韻が残ります」

リカーショップ オオタケ

創業は昭和13年。「品揃えの多さよりも、出会った蔵、つくり手との縁を大切にしている」と3代目・大竹寛さん。東海3県の銘柄のラインナップが厚いが、全国各地へ足を運び、九州の焼酎も豊富に取りそろえる。ショウケースに並ぶ酒には味や香りの特徴を記した解説を貼ってあるので、好みに合うものをセレクトしやすい。

名古屋市千種区春岡1-34-18
TEL 052･751･1492
OPEN 10:00～深夜0:00
（日祝は～20:00）、無休

丁寧なつくりによって、酸を出す、味わいを明確にするなど、蔵ごとに方向性を打ち出そうとしていると感じます。地産地消の流れもあって、県産の酒造好適米『若水』『夢吟香』を使うところも少なくありません。

全国的な知名度も少しずつ高まってきました。関谷醸造の『蓬莱泉』『空』が先駆けで、最近では長珍酒造の『長珍』、萬乗醸造の『醸し人九平次』などが酒好きの間で知られた存在になっている。また、市内4蔵が『ナゴヤクラウド』という共同のブランドを立ち上げて県内外でPRを図っていて、その成果も現れています。蔵同士のまとまりが出てきて、情報交換も積極的です。飲食店でも地域密着で地元の銘柄を扱うところが増えている。名古屋、愛知のうまい地酒に出会える機会は増えていると思いますよ」

監修／大竹寛さん
（コメントはすべて大竹さん）

ヨン酒場

どんな環境で飲むか、これは結構重要だ。
ビアガーデンやキャンプ場でのビールが
それだけで最高にうまいことからも明らかなように
周りの景色や音、空気など、
ロケーションは気分を高め、酒や料理の味を
底上げしてくれる力がある。
身を置くだけでテンションが一段階上がる
そんなアドバンテージを持った酒場へくり出そう。

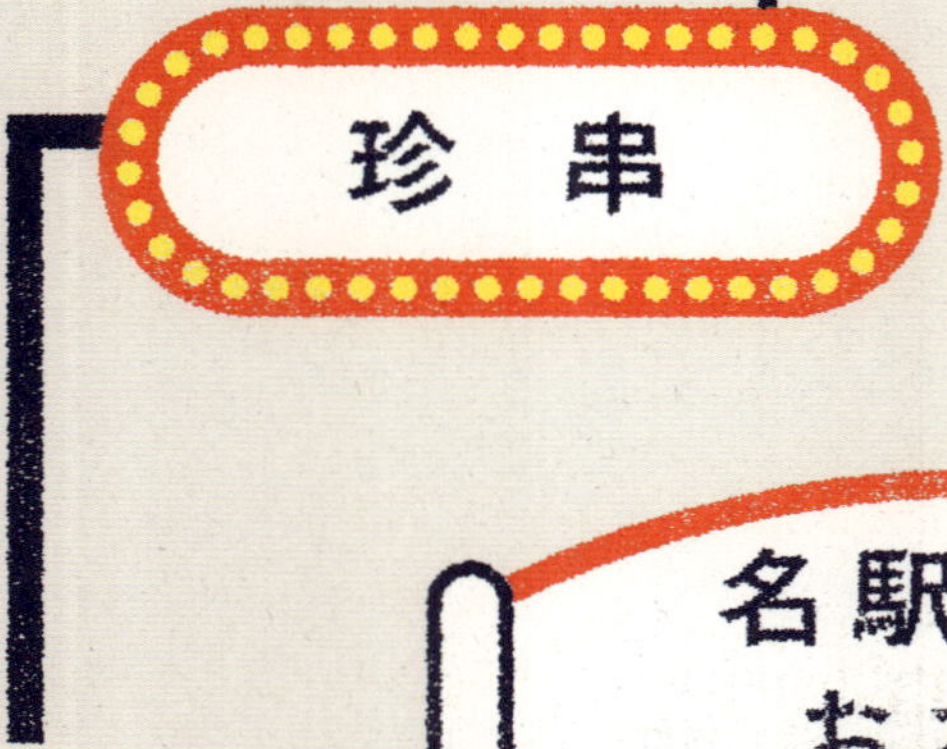

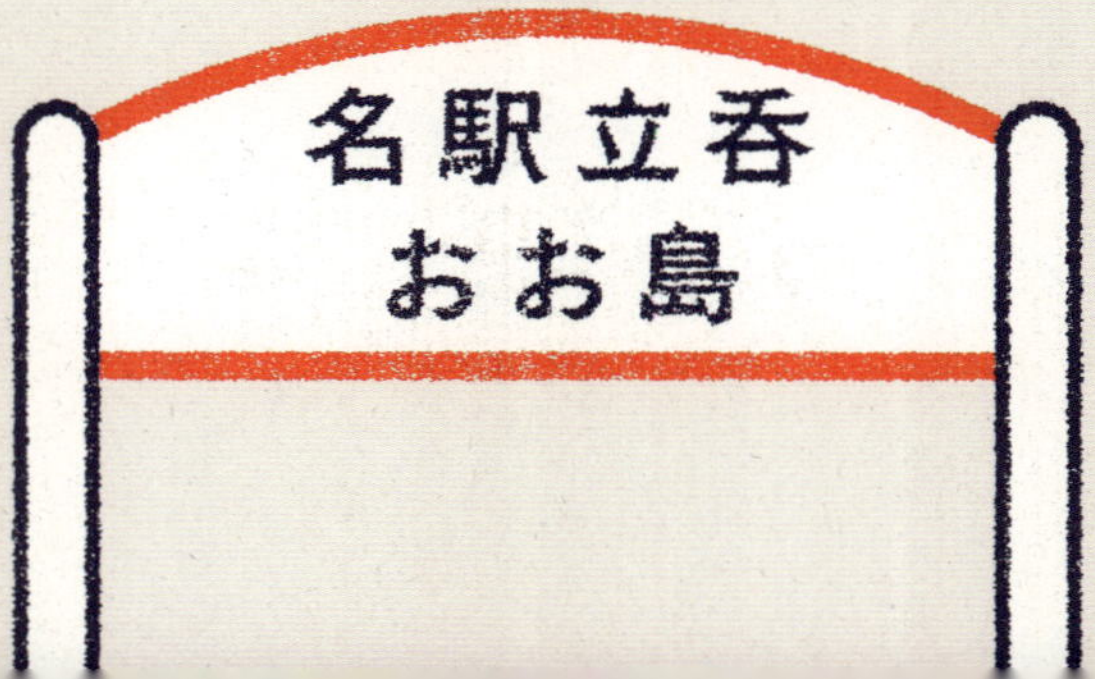

第六章 ロケーシ

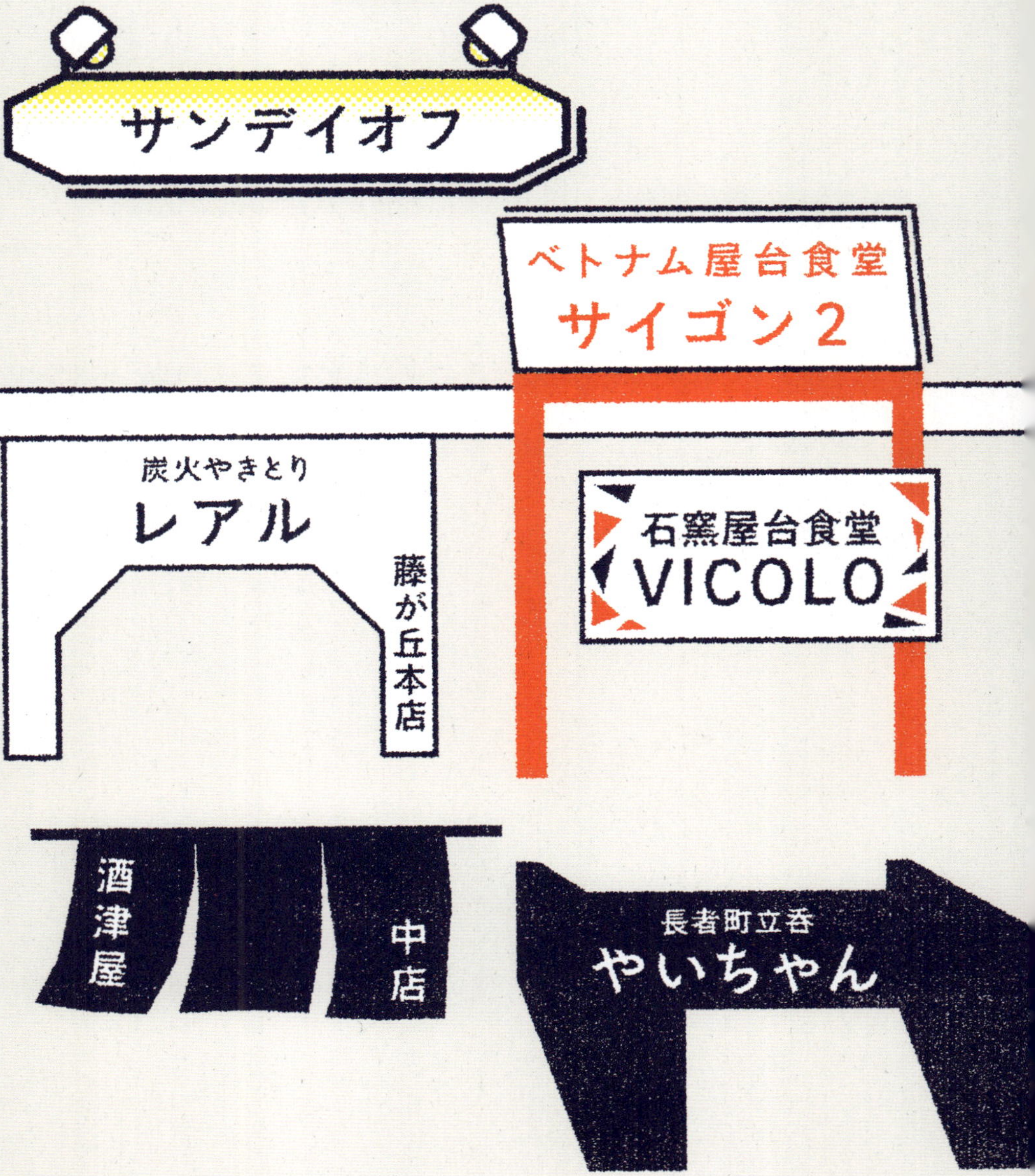
サンデイオフ
ベトナム屋台食堂
サイゴン2
炭火やきとり
レアル
藤が丘本店
石窯屋台食堂
VICOLO
酒津屋
中店
長者町立呑
やいちゃん

天ぷらとワイン 小島

ワインにも合う！市場にも似合う‼ 今、アツい！創作天ぷらの大人気店

目の前で揚げたばかりのアツアツの天ぷらをカウンターごしに提供してくれるのもオープンキッチンスタイルならではの魅力

天ぷらをカジュアル&リーズナブルに、ワインと合わせて。そして場所は市場の中。この店の登場はあらゆる点で先駆的で、名古屋で新しい酒場の楽しみ方を提案してくれた。画期的でありながらも消費者のニーズにドンピシャで刺さり、その証拠にカウンターもテーブルもいつも満席。筆者も何度、入れずにあきらめたことか…。

店主の小島直隆さんはイタリアンの料理人として10年以上のキャリアを持つ。「イタリア料理にもフリットという揚げ物があり、天ぷらと通じるところがある。新鮮な魚介類が手に入りやすい市場という環境も天ぷらには合っていると思ったんです」。ソムリエの資格も持ち、これも天ぷらを主役に引き立てられる決め手のひとつとなった。

「実は日本酒よりワインの方が、天ぷらとの相性がいい。日本酒は糖分

てんぷらとわいん こじま

平成27年創業／map …P179
名古屋市中村区名駅4-15-2
マルナカ中央市場総合食品センター内
TEL 052・561・2666

36席（カウンター12・テーブル4卓）
OPEN 8:00～14:00、17:30～22:30
日休
JR・地下鉄名古屋駅より徒歩8分

大瓶590円（サッポロラガー）
生中490円（エーデルピルス）
グラス490円～
無
海老590円、穴子490円、鱚390円、おつまみ煮穴子590円、ポテトサラダ390円、ランチ690円～
天ぷらとワイン小島 2号店、
天ぷらとワイン小島 伏見南3号店、
鉄板ビストロ小島

マルナカ食品センター

全国でも珍しい都心一等地の市場、柳橋中央市場の中核として昭和44年開場。屋上のビアガーデンをはじめ近年は一般向けの飲食店が増え、安くて新鮮なネタが豊富な飲み屋街として人気を集める。

イタリアン出身の店主ならではのユニークな創作天ぷら。いくらのカナッペ190円、パルミジャーノアスパラ290円

魚だけじゃなく野菜も新鮮。木の子盛り590円

鳥羽産の生ガキなどおつまみも豊富

が多いので甘みが口の中に残るが、ワインは酸味が天ぷらの油を流してくれてリフレッシュできるんです」

イタリア産デュラムセモリナ粉をブレンドした小麦粉を衣に使い、揚げ油にはオリーブ油をブレンドするのもイタリアン出身ならではの工夫。カリッとした揚げ具合で、ひとつまたひとつと食べたくなり、それに合わせて酒も進む。いくらを海苔に乗せたカナッペや、アスパラにパルミジャーノチーズをおろしてふりかける創作天ぷら、はもに合わせるトリュフのポルチーニソースや赤ワインソースなども、和食の職人では思いつかない発想だ。

料理も空間もサプライズの連続。天ぷらとワインの組み合わせの妙を1人でじっくり堪能するのもいいが、ここは憎からず思っている相手を連れて行きたい。

長者町立呑

やいちゃん

新店ラッシュの立ち飲み横丁でほっと落ち着くおふくろの味

1人、2人ならカウンターで、3～5人ならドラム缶のテーブルで。込み合う時は90分の時間制になることも

青い照明に照らされた地上の入口が、夜の街に浮かび上がる。「長者町横丁」の文字に誘われて階段を下りると、片側だけに店舗が連なる延長200メートルほどの地下街が。うち10軒以上が飲み屋で、大半がここ2、3年のうちにできた立ち飲み屋だ。日本酒専門店、餃子バル、立ち食い寿司、そば居酒屋、鉄板焼きなどバラエティに富んだ店が軒を連ねる。

そんな中、ほっと落ち着けるおふくろの味で貴重な存在感を発揮しているのがこの「やいちゃん」。ママさんがまさにビジネスマンのおふくろ世代。伏見では、地上でもこの手の店は意外と少ないので、それもまた希少性が高い。

「おばんざいは野菜を中心に30種類以上。全部、時間をかけて丁寧に仕込んでいます」とママさんこと松本博子さん。「実家は大須の食堂で、私もいつかは食べ物屋さんをやりたいと思っていたの。縁あってこの場所を紹介してもらったので、早期退職して店を開くことにしたんですよ」という。ちなみに店名は、ゴルフ場勤務時代に国内ツアーについて回るほど応援していたプロゴルファー、新崎弥生選手のニックネームとのこと。

日本酒はおよそ20種類。味の特徴ごとに札が下がっているので初めての銘柄でも選びやすく、3種をセレクトできる唎き酒セットが値頃。おばんざいの三種盛りもお好みで3品をチョイスできるので、酒との相性で組み合わせるとより互いの魅力が引き立てられる。

はしご酒にうってつけの立ち飲み横丁の中、とりわけ地下街全体に漂う昭和の香りが似合う一軒だ。

ちょうじゃまちたちのみ やいちゃん

平成28年創業／map …P180
名古屋市中区錦2-13-24 五先
TEL 090・2342・6568

26席（カウンター20・テーブル2卓）
OPEN 17:00〜22:45(LO22:30)
日祝月休
地下鉄伏見駅より徒歩3分

- 中瓶500円（サッポロラガー）
- 450円（サッポロ黒ラベル）
- 半合350円〜（各種）
- グラス350円〜
- 無
- まぐろ山かけ350円、飛騨牛すじポン350円、えいひれあぶり350円、ごぼう唐揚げ350円、真いかの一夜干400円

※価格はすべて税込

伏見地下街

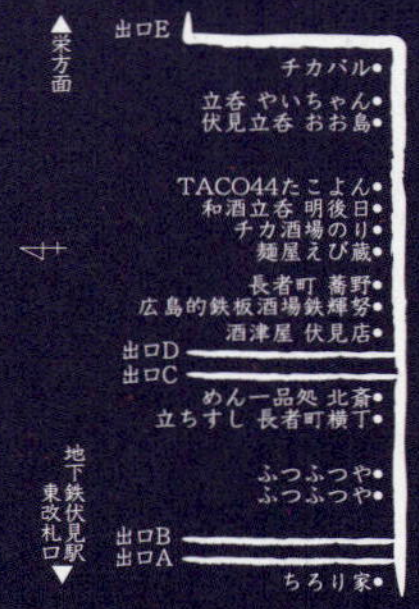

昭和32年、地上の繊維街のサテライトとして開業。その後シャッター街化するも、平成27年暮れに「伏見立呑おお島」がオープンしたのを機に一気に飲み屋街へ変身し、別名「長者町横丁」に。

旬の野菜や魚などを使った手づくりのおばんざいが30種以上。3種盛りは飲み物によっておまかせで選んでもらえる。日本酒3種の唎き酒セットと組み合わせたい

ママの松本博子さん（中央）、調理担当の春枝さん（左）、唎き酒師でお酒担当の小巻さん（右）

唎き酒師が全国各地の日本酒をバランスよくセレクトする

自家製シロップのサワーやカクテルもお薦め

青く光るトーチカのような伏見地下街の入口

Stan Dining
やまびこ

立ち飲み・昼飲み・横丁飲み
名古屋酒場・新潮流の着火点

8坪の店内。この狭い店内で、厨房に5人のスタッフが入ることもあるほど大勢のお客でにぎわう

10数人も立ち並べばいっぱいのカウンターは、昼夜を問わず満員御礼。入りきれずに店先のワイン樽をテーブルにして飲むお客も常時何人か。それでも新しいお客がのぞきに来ると、先客はちょっとずつ詰め合って1人分のすき間を作ってあげようとし、ますます窮屈に。だが、狭くなればなるほど店内の一体感が増し、気分もいっそう高揚してくる。

渋い店名からは意外だが、メニューの中心は洋食とワイン。「音響に関連する名前にしたくて、日本語で何かいい言葉がないかなと探して思い当たったのが『やまびこ』だったんです」とオーナーの清田一聡さん。というのも清田さんはかつて名古屋の老舗ジャズハウス「jazz inn LOVELY」に勤務。「先輩たちが音楽好きな上に料理にも勉強熱心で、まかないでいろんなメニューをつくったりして、自分にとっては料理の学

むつみ小路

栄のド真ん中の一等地にありながら穴場感満点の横丁。戦後は小料理屋やバーが並ぶ私道の路地で、一時増加した風俗店を平成25年に一掃し、老舗と新興の飲み屋が混在するエリアに再生された。

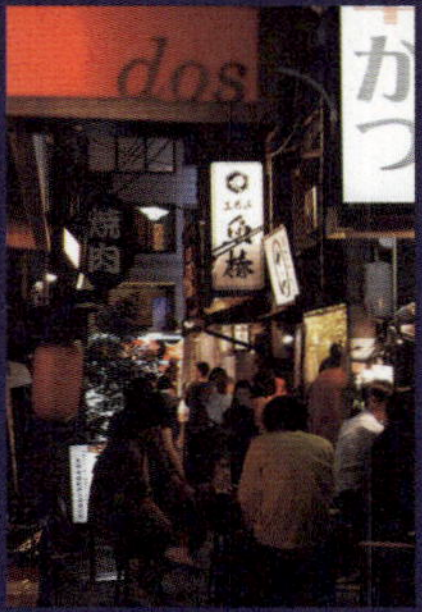

すたんだいにんぐ やまびこ

平成25年創業／map …P181
名古屋市中区栄3-8-102
TEL 052･262･4300

12〜20席（カウンター12〜20）
OPEN 15:00〜深夜0:00
日休
地下鉄栄駅・矢場町駅より徒歩5分

中瓶600円（サッポロラガー）
500円（サッポロ黒ラベル）
グラス600円〜
無
前菜3種盛り700円、人参サラダ350円、タコのマリネ400円、イカのグリル800円、自家製ソーセージ800円、マルゲリータ600円、ボンゴレビアンコ800円、バナナケーキ600円

ボリューム満点の名物メニュー、大人のタパス盛り合わせ1500円

オーナーの清田一聡さん。「約10年勤めた jazz inn LOVERY が、おしゃれでちょっと高級感もある店だったので、それとは対照的な大衆的な店をやりたかったんです」

校のような場所だった」という。原点が音楽と食を合わせて提供する場だったため、この名前に行きついたのだった。

料理はフレンチやイタリアンがベース。ピザは生地から手づくりで、旬の魚介のカルパッチョに秋冬はジビエなど、多様な食材にしっかり手をかけて調理する。加えて前菜300円台〜と一品が安価でポーションが小さいので、1人でもあれこれ食べ比べることができる。

むつみ小路は今や立ち飲みを中心に新進の飲み屋がひしめき合い、路地にもお客があふれ返るほど、名古屋で一番アツい呑んべパラダイスに。名古屋の立ち飲み、昼飲み、横丁飲みのブームはこの店に共鳴するかのように広まったのだ。

夏野菜とアンチョビのフジッリ1000円

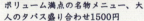

名駅立呑 おお島

生粋の酒場人がつくった立ち飲みの王道

駅前横丁

名古屋駅からほど近いが知る人ぞ知る穴場横丁。ビルの通路の左右におよそ10軒がひしめき合う。ビストロ、立ち食い寿司、牛タンなどテーマが明確な新しい店舗が多く、活気が増している。

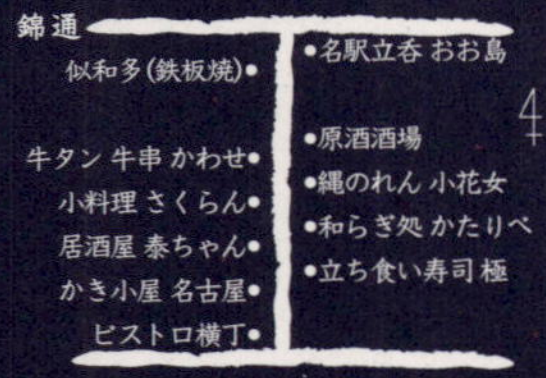

錦通り沿いのビルの入口に面し、通りからでも店内の活気が伝わってくる

名古屋の立ち飲み酒場を盛り立ててきた「立呑 おお島」。この横丁内でも最も早く立ち飲み店を開いた。

店主の大島真さんは名古屋で80年続く老舗居酒屋の3代目。「宴会向けの大バコではなく、お客さんの目の前で料理をつくって出す店をやりたくて立ち飲みを始めたんです」という。

幅広い世代に日本酒の魅力を伝えることを重視し、ビギナー向けの香り華やかな吟醸、通向けの燗で風味が引き立つ生酛《きもと》づくりなど、幅広い特徴をもった銘酒をバランスよく取り揃えている。割烹のキャリアを活かした料理の満足度も高く、ちょいと1杯のつもりがついもう1杯、もう1品と立ち続けたくなる。

伝統製法を守る信州の黒澤酒造の「黒澤」は特に力を入れている銘柄のひとつ

カニの身がごろごろ入ってコスパ最強のカニコロッケ580円

めいえきたちのみ おおしま
平成26年創業／map…P179
名古屋市中村区名駅4-22-8
TEL 052･581･5575

16席(カウンター16)
OPEN 17:00〜深夜0:00
(土は15:00〜、日は13:00〜22:00)
無休
JR･地下鉄名古屋駅より徒歩8分

大瓶550円(サッポロラガー)
420円(サッポロ黒ラベル)
グラス490円〜
グラス390円〜
無
おさしみ三品盛580円、あじのなめろう380円、ソース串かつ280円
伏見立呑 おお島 他

駅前横丁はビストロ、牛タンなどテーマ性があり、新しい店が多い

路地裏Bar UmenoOku.

ノスタルジックな横丁の突き当りの水先案内店

梅小路《うめこうじ》

昭和26年からの路地と昭和52年築のビル通路が一体化した横丁。名前の由来は不明だが、野良猫が自由に行き来し別名「猫小路」とも。オーガニックダイニングなど個性の強い店が多い。

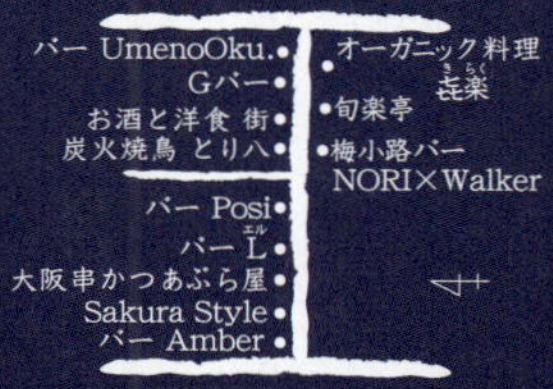

白木のカウンターで洗練されたムードを醸し出し、初めてでも過ごしやすい。2階に貸し切り専用スペースもある

新栄は都心部からほど近いにもかかわらず、昔から個性の強い飲み屋が多い。中でもこの梅小路は地元の人もあまり存在を知らないディープなエリアだ。

ビル通路と私道が一体化し、20メートルも歩けば行き止まり。アクの強そうな店が多くどこに入ればいいのか迷ってしまうが、頼りになるのがこの小さなバー。マスターの三上博司さんは路地の突き当りの空間に腰をすえて7年。地域密着の新栄祭りを運営するなど横丁の活性化に取り組み、「開店10年以内の店がほとんどで店主の個性がみんな強い。還暦の男性が最近始めたカッコいいバーとかもありますよ」と水先案内人として周辺の店の情報をあれこれ教えてくれる。ワインがメインで居心地もいいので、最後は再びここで〆の一杯を。

ろじうらばー　うめのおく

平成24年創業／map …P180
名古屋市中区新栄1-6-25
TEL 無

26席（カウンター10・テーブル2卓）
OPEN 20:00～深夜
不定休
地下鉄新栄駅より徒歩5分

小瓶700円
800円
グラス700円～
チャージ500円
ミックスナッツ500円、オリーブ盛り合わせ500円、チーズ盛り合わせ700円～、オイルサーディン800円

入口にはかわいらしい猫が案内役のガイドマップが

石窯屋台食堂 VICOLO
ベトナム屋台食堂 サイゴン2

円頓寺の残された秘境 路地裏のリトル異国

近年名古屋でも増えつつある〝路地飲み〟ができる。2軒は姉妹店なので隣の店のメニューも注文できる。テラスはペット同伴もOK。冬はビニールカーテンで暖房つき

新鋭店が続々オープンし、パリ祭などイベントは大盛況、「奇跡のV字回復」とまで称される円頓寺商店街。が、アーケード街から横道へそれる「円頓寺銀座街」は、今なお昭和のひなびた雰囲気を醸し出している。

真っ先に壁中サイケデリックに塗りたくられた怪しげな建物が目に飛び込み、異世界ムードがぷんぷん(こちらは名古屋の名物ロックバー「テラゾ」。意外と一見でも過ごしやすいのでお試しを)。そのすぐ先の曲がり角には、石窯ピザとベトナム料理の店が隣り合わせにあり、いきなり多国籍になる。この「石窯屋台食堂VICOLO」と「ベトナム屋台食堂サイゴン2」は、商店街活性化の引き金となった「BAR DUFI(バル・ドゥフィ)」の姉妹店。世界中を旅してきたオーナーの水野俊之さんによるこのエリアでの2、3号店で、いわばコスモポリタン化する円頓寺

いしがまやたいしょくどう
びっころ

平成26年創業／map …P179
名古屋市西区那古野1-20-3
TEL 052･551･2282

28席（カウンター4･テーブル6卓）
OPEN 18:00～22:30
（日祝は～22:00）
水休
地下鉄国際センター駅より徒歩10分

780円（イタリアンビール）
500円（キリン一番搾り）
グラス380円～
無

べとなむやたいしょくどう
さいごんどぅ

平成25年創業／map …P179
名古屋市西区那古野1-20-3
TEL 052･571･0750

28席（カウンター4･テーブル6卓）
OPEN 18:00～22:30
（日祝は～22:00）
水休
地下鉄国際センター駅より徒歩10分

中瓶680円（サイゴンビール）
500円（キリン一番搾り）
グラス380円～
無

円頓寺銀座街

時が止まったかのごとく昭和感が色濃く残る小路。平屋の長屋を中心に約10軒が並び、年季の入った小料理屋など渋い店も見つかる。近年は一部で店の入れ替えもあり、新旧が混在するエリアに。

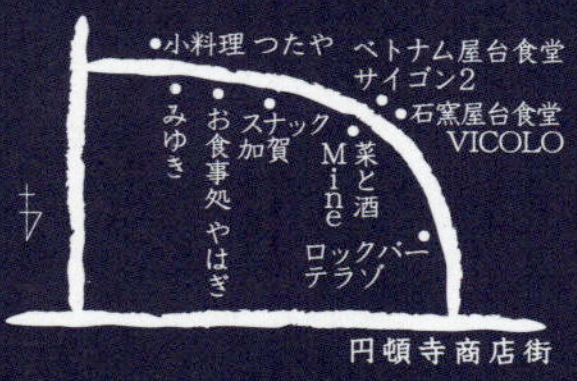

肉厚でもっちり、石窯焼きならではの香ばしさもあるマルゲリータ950円

ベトナム風もつ煮などのベトナム料理にはすっきりしたサイゴンビールが合う

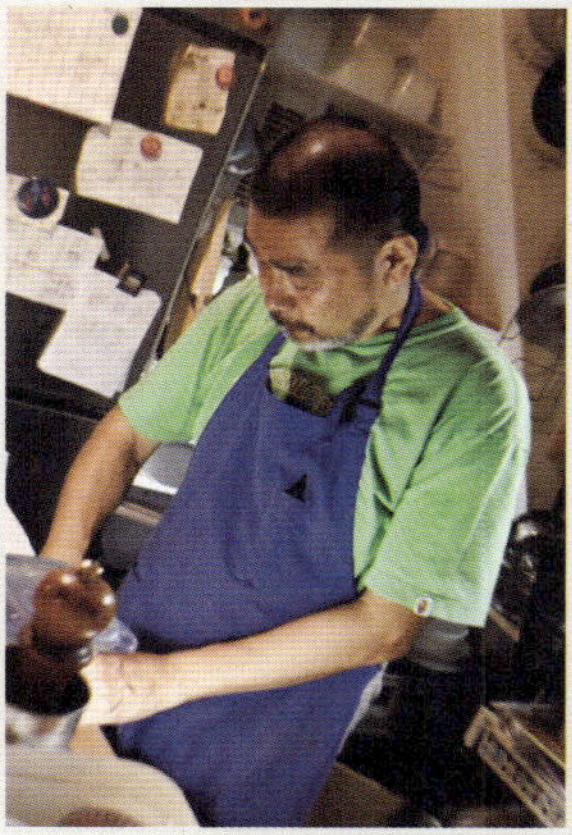

オーナーの水野俊之さん。円頓寺パリ祭の中心人物でもある

の流れを象徴する店といえる。VICOLOは石窯で焼くピザが肉厚もちもちで、本格イタリアンメニューが多彩、サイゴン2は野菜や魚介をふんだんに使ったヘルシーな料理にベトナム産のビールやワインがよく合う。どちらもコスパは抜群。気候のいい時期は、外のテーブルで旅気分も感じられる。

魔窟のような近寄りがたさもあった横丁が、この開放的な2軒のおかげでずい分と歩きやすくなった。ここで通りの空気に慣れたら、次は昔ながらの小料理屋やスナックののれんもくぐってみたい。

サンデイオフ

曲がり角の先へ進みたくなる 横丁のワイン居酒屋

ボンボンセンター

洋菓子＆喫茶ボンボンが音頭をとって開発し昭和34年にオープンした横丁。かつてはボンボン系列のバーや中華店もあった。近年は新しい飲み屋も増え若いお客の姿も見られるようになっている。

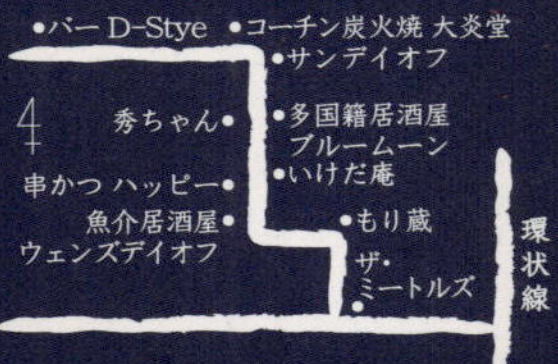

スナックだった物件をカウンターにタイルを貼り、壁を塗り直してリノベーション。最小限の模様替えで、半世紀以上の歴史の趣も残している

入口の青いネオンのゲートをくぐると、小さな曲がり角がいくつも続く細い路地。両サイドに長屋風の小さな飲み屋が連なる。まるで映画のセットのような景色に、それだけではしご酒をしたくなる。

ここ数年、横丁のあちこちで新陳代謝も進み、10年ほど前にオープンした「サンデイオフ」はワインもフードも300円台〜という高コスパで、若い世代をこの場所へ呼び込むきっかけとなった。

「横丁全体でひとつの店みたいなんですよ」と店長の須田晃広さん。その言葉どおり、「〇〇ちゃん、おる？」と飲み友を探して店内をのぞく常連に「隣で飲んどったよ」とあうんの呼吸で先客が応える場面も。串かつ、焼き鳥、ショットバーなど業態が多様なので、何度か通って目指せ、コンプリート！

さんでいおふ

平成21年創業／map …P186
名古屋市昭和区桜山町4-70
TEL 052･853･0008

13席（カウンター9･テーブル1卓）
OPEN 18:00〜翌2:00
(LO 翌1:00)
日休
地下鉄桜山駅より徒歩2分

600円（キリン一番搾り）
グラス350円、ボトル2000円〜
300円（ドリンクのみの場合は無）
自家製ピクルス300円、スペイン産生ハム750円〜、自家製キッシュ400円、田舎風パテ450円
サアズデイオフ、マンデイオフ、ウェンズデイオフ、ザ･ミートルズ

料理は定番＋季節物合わせて約30品。キッシュは生地から手づくり。ワインは各国の安くておいしいものを揃える

珍串

名古屋めし地下街の中で貴重な
コの字カウンターの正統派居酒屋

地下街 エスカ

名古屋めしの人気店がズラリと並ぶ名古屋めしストリートとして旅行者・出張族にとってありがたい。2本の通りが並行して南北に通るシンプルな構造で、複雑な桜通口の地下街と比べて迷う心配がないのも、遠来の人にはありがたい。

地下街の店とは思えないほど地元密着の空気が漂うが、気さくなマスターの人柄で、旅の人でもすぐになじめる

名古屋めしの人気店揃いぶみで観光客に人気のエスカ地下街。その中に地下街開業から営業するこんな正統派のベタな居酒屋があるとは、地元の人こそ意外と見逃しているのでは？

人気は串揚げ。きめ細かいパン粉を薄くまとった衣はサクッと軽やか。豚肉はジューシーで野菜はシャキシャキ。味噌ダレが絶品でさらっとしていて、まるでフレンチのソースのようだ。「冷凍ものは一切使わず、新鮮な材料をお客さんの目の前で調理する。難しいことをやってるわけじゃないけどごまかしがききません」とマスターの加藤高幸さん。

コの字のカウンターには常連から出張族、若い旅行者までが集う。気の置けないお客からはマスターや板長への返杯も相次ぎ、誰もがほろ酔いの幸せな空間が出来上がっている。地下街だから夜10時にはスパッと店じまい。深酒の心配がないので、いい気分のまま安心して帰途につこう。

ちんぐし

昭和46年創業／map …P179
名古屋市中村区椿町6-9 エスカ内
TEL 052･452･2588

18席（カウンター18）
OPEN 10:30～22:00
不定休（エスカに準ずる）
JR･地下鉄名古屋駅より徒歩3分

大瓶700円（サッポロ）
660円（サッポロ）
670円（菊正宗）
250円
あげもの170円、焼き物盛り合わせ680円、串カツ定食（5本）980円、味噌カツ定食980円、生ビールセット1250円

人気の串カツ6本セット930円。5本盛りの定食980円もある

炭火やきとり レアル 藤が丘本店

世界を目指す! 名古屋の高架下発の人気焼き鳥店

カウンター主体で一体感がある店内。店の左右どちらからでも入れるのは高架下という立地ならでは

「ガタンゴトン…」と時折響く列車の音と振動。生活の場だと騒音になるかもしれないが、飲み屋だとちょっとした旅情を誘うからなのか、これが心地よいBGMになるから不思議。名古屋では高架下の飲み屋街はあまり多くはなく、ある程度の軒数が連なっているのは他に金山、鶴舞くらい。最も充実しているのは間違いなく藤が丘だろう。

その藤が丘の高架下で、駅から最も遠いのに多くのファンがわざわざ足を運ぶのがここ「炭火やきとりレアル」だ。

下町風情を感じさせる高架下にとりわけ合うのが焼き鳥店。そんなロケーションとの相性のよさも有利に働いているかもしれないが、人気の理由は単純に「うまいから」。備長炭で焼く焼き鳥はすこぶるジューシーで香ばしい。とりわけハツ(心臓)などの内臓系は新鮮でくさみがなく、

すみびやきとり　れある ふじがおかほんてん

平成20年創業／map …P184
名古屋市名東区宝が丘71
TEL 052･776･8904

22席（カウンター18･テーブル1卓）
OPEN 17:00～翌1:00
木休
地下鉄藤が丘駅より徒歩5分

540円（キリン一番搾り）
1合650円（明鉾、酔鯨）
無
ハツ140円、もも175円、つくね塩180円、ベッカムセット8本1110円、アスパラマヨ540円、馬刺赤身1100円、焼とり丼660円、お茶漬け440円～
レアル星ヶ丘店、レアル grande

藤が丘高架下

〝地下鉄の高架下〟という不思議な立地に飲食店がズラリ。地元の外食グループや個人店など、焼き鳥からおしゃれなバルまで個性的な業態が並ぶ。ハイソな地域イメージと下町風情のギャップも面白い。

自家製のつくね串は1日30本限定。シンプルな塩の他、明太マヨ、チーズなどのトッピングもあり。焼き鳥の注文は2本から

ワインはスペイン産が中心で2000円台～6000円台と価格帯は幅広い

店主の奥村悠介さんは名古屋の公立大学出身。学生時代から「理想の店をつくりたい」と夢を抱き、20代で焼き鳥店を開いた

みずみずしい食感を堪能できる。

つくねはレンコン入りでほくっとした食感がユニーク。ジェノベーゼ風など創作系はワインやクラフトビールと合わせると味わいにより広がりが。焼き鳥店では珍しくサイドメニューが充実しているのも、女性や子供連れも多い理由だ。

「コミュニティーみたいな一体感のある店をつくりたかったんです」との店主、奥村悠介さんの言葉通り、どの席に着いても焼き場に視線が引き寄せられ、皆の期待感がひとつになる。そこに「ガタンゴトン」と効果音が加われば、テンションはいっそう高まり、おいしさもまたアップする。

店名からも察せられるように奥村さんは無類の海外サッカー好きで、夢はスペイン出店。銀河系軍団のサポーターを、名古屋の高架下発の焼き鳥で熱狂させてもらいたい！

酒津屋 中店

朝飲み・昼飲みにも使える栄地下唯一の居酒屋

栄 森の地下街

地下鉄東山線栄駅開通に合わせて昭和32年11月開業。最近リニューアルした隣接するサカエチカに比べ、歴史を感じさせる地元の老舗企業の店が多い。中央一番街、北一・二番街、南一〜四番街で構成される

名古屋めしを食べられる定食屋としても使えるが居酒屋使いのお客が大半を占める

栄の地下街で唯一の居酒屋。栄森の地下街南一番街に「酒津屋 中店」、すぐ近くに並行して通る南二番街に「酒津屋 東店」と2店舗を構える。中店は昭和40年、東店は昭和44年と、それぞれ地下街が開業するのに合わせてオープンした。

当初は中店は天ぷら、東店はアメリカンドッグやソフトクリームなどの軽食の店だったそう。いずれも開店から10年ほどで居酒屋に業態替えしたのだという。

古きよき定食屋兼居酒屋といった趣で、平日の早い時間帯はかつて地下鉄通勤していた古参の客が店内を占拠する。夜は近隣のビジネスマン、週末は旅行者と、地下鉄の利用者の移り変わりに即して客層も変化する。朝食セットやランチもあるが、つまみ類は一日中あり、堂々と朝酒・昼酒できるという点では地下街のみならず名古屋の中でも貴重な場所といえる。

さかつや なかみせ

昭和40年創業／map …P181
名古屋市中区栄3-5-12
栄森の地下街南一番街
TEL 052･951･1140

46席（テーブル8卓）
OPEN 7:00〜深夜0:00
無休
地下鉄栄駅より徒歩1分

大瓶509円（サッポロ黒ラベル）
382円（サッポロ生）
1合264円（白鹿）
無
手羽先345円、イワシフライ345円、串カツ400円、ポテトサラダ345円、串カツ定食645円
酒津屋 東店、伏見店

つまみは300〜400円台が中心。魚介は毎日市場で仕入れ。マグロの刺身400円

コラム

名古屋めし

〝とりあえず〟はコレ！ 名古屋の酒場の定番

名古屋の酒場の必須メニュー、「どて」「味噌串カツ」「手羽先」。この3品は市内の居酒屋なら大抵採用されていて、3つともない店を探す方が難しいだろう。いずれも〝とりあえず〟の一品としてうってつけであり、店の味と自分の好みの相性を推し量るにも格好の品となる。旅先で郷土料理を食べられる飲み屋を探して歩いたことのある人は多いと思うが、名古屋では目についた店に適当に入れば、ほとんどの場合でいわゆる〝名古屋めし〟の一角である先の3品を食べられる。これはご当地グルメの宝庫として、他地域の人に誇れる大きな魅力といえるだろう。

どて

味噌串カツ

手羽先

この他、魚介でも名古屋ならではの定番がある。シャコ、ミル貝はこの地域では一般的な食材だが、よそではあまりありつけない。コチやイサキ、キス、コウナゴなどの白身魚も伊勢湾、三河湾で良質のものが揚がり、魚がウリの店なら産地から取り寄せているところも多い。

よそからの友人知人をともなって酒場に行くなら、まずはこれら名古屋らしい定番をお薦めすると喜ばれるはず。ついでにいえば、〆はラーメンではなく名古屋流カレーうどん（錦三丁目なら「うどん錦」が定番）をチョイスするのがお薦めだ。

ャー酒場

酒は、人と人はもちろん
人と何かをつなぐ媒介となる。
というよりもそれこそが酒の役割とすらいえる。
音楽と酒。本と酒。おしゃべりと酒。

そこに酒が介在するだけで
その文化のエンタメ性や親近感は格段に高まる。
酒がつないでくれる出会いと刺激を求めて
カルチャー酒場へ出かけよう♪

Tokuzo

ボクモ

vocal inn ドナリー

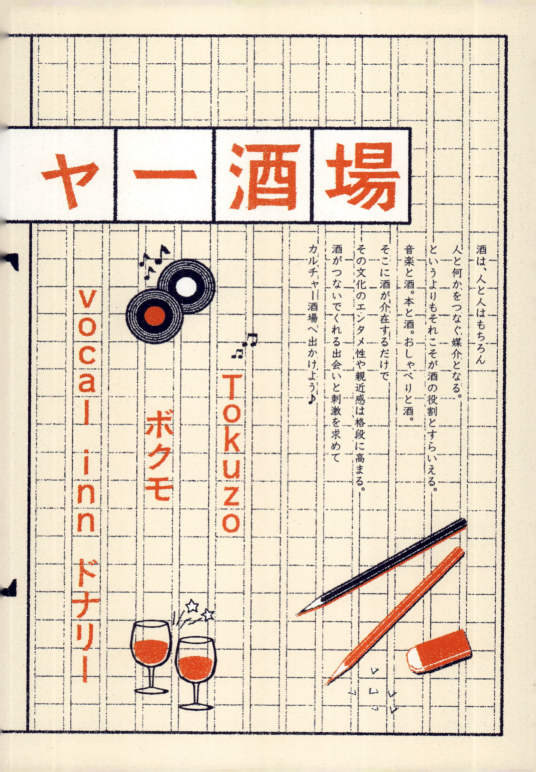

第七章 カルチ

安西ユーブンドー

シガークラブKANOU

open house

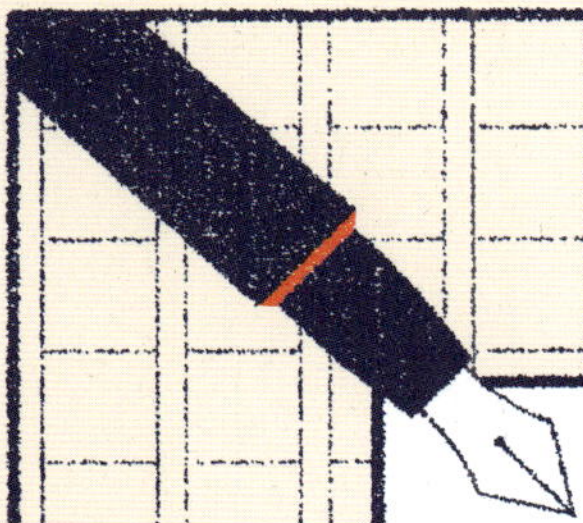

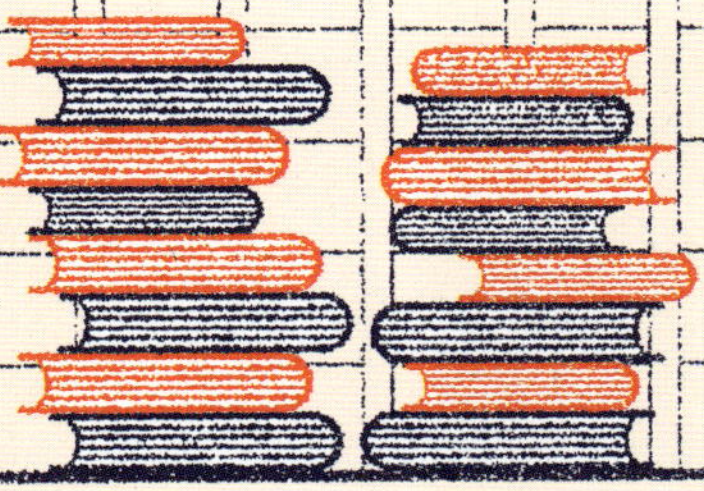

Tokuzo

ライブだけじゃもったいない お楽しみはそれからだ！

ライブ終了後はそのまま居酒屋に。フード、ドリンクともライブ中もすべて注文できる（オールスタンディングの際は一部メニューに限定）

ロックフェスのメインステージを張るアーティストが超絶パフォーマンスを披露することもあれば、ドラゴンズファンがステージ上でちゃぶ台を囲んでぐだぐだなトークで笑いを誘ったり、果てはカラオケ大会で盛り上がることも。スタンディングで最大250人の決してデカいとはいえないハコで、夜な夜なふり幅が大きすぎるライブ、イベントがくり広げられる。

全国の音楽通にその名を知られるライブハウスであるこのＴｏｋｕｚｏだが、キャッチフレーズは「朝までやってる呑み屋である」。ライブもテーブルを並べた着席式が基本で、飲み食いしながら演奏や出し物を楽しむことができる。

「20年前に店を始めた時、メジャーなアーティストは全部大きな会場に押さえられてたから、そこからあぶれたブルースやパンク、フリージャ

とくぞう

平成10年創業／map …P183
名古屋市千種区今池1-6-8
今池ブルースタービル2階
TEL 052・733・3709

80席（カウンター6・テーブル8卓）
OPEN 18:00〜翌5:00
無休
地下鉄今池駅より徒歩3分

中瓶650円（サッポロラガー）
650円（サッポロ生）
グラス650円（竹泉純米）
無
おつまみチャーシュー550円、人参とレンズ豆のマリネサラダ500円、プレーンオムレツ650円、梅じゃことしそのピザ850円、キムチチャーハン850円
open house

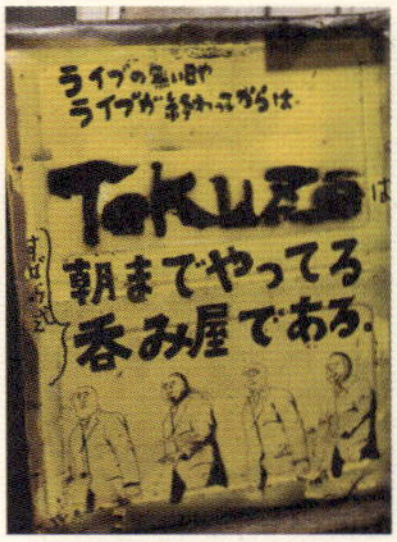

左：日本のライブハウスのルーツはジャズ喫茶。演奏＋飲食は基本で、この店のスタイルはいわば原点回帰といえる
右：ライブは世界的アーティストから地元バンドまで。写真は昭和歌謡曲を70年代洋楽ロック風にアレンジする銀河歌謡ショウ

メニューはチェーン居酒屋に負けないほど豊富。豆腐と梅じゃこのスパゲッティ900円。スパゲッティ、ピザ、ご飯ものはハーフサイズあり

自家製ハムとオリーブ650円

オーナーの森田裕さん。自身もリズム＆ブルースバンド、バレーボールズで活動する

ズとかのバンドに出てもらうようにしたんだ。そうすると自ずと飲食代で稼がなきゃいけなかったんだよ」と笑うオーナーの森田裕さんだが、本音はこちらの言葉にある。「ライブの後にいろんなヤツらが飲みながら次の何かが生まれる、そういうのがライブハウスの面白さだと思うんだよな」

　時には演奏を終えたアーティストが居残って飲む姿も。そこから交流が生まれ、独自の企画に発展するケースも少なくない。

　そんな次へのエネルギー源となるのがうまい酒と料理。日本酒、焼酎、ワイン、スピリッツとアルコールは多彩で、料理もオリジナリティがあってそこらのチェーン居酒屋よりずっとイケる。

　ライブだけ観て帰るのはもったいない。ライブが終わってからが第2部のスタート、いや本番の幕開けだ（⁉）。

ボクモ

トークも音楽も、ワインも料理も心を満たし、知的好奇心を刺激する

カウンターにボックス席、大テーブルと、1人でもグループでも、バーとしてもレストランとしても利用できる

ソムリエのオーナーがワインをチョイスしてくれるおしゃれなダイニングバー。一般的にはそんなイメージが強いであろうこの店だが、「オープンして10年ですが、飲食店をやっているつもりはいまだにないんですよ」とオーナーの岩須直紀さん。

では何なのか?というと「エンタメ事業の中の飲食部門みたいな位置づけなんです」。発想の原点は「トークを中心としたライブハウス」。岩須さんはもともとラジオのディレクターで、名古屋でこれを形にするには飲食の機能が不可欠と考え、30歳を過ぎてから東京の飲食チェーンで武者修業。調理、接客の経験を積んだ上で、トークイベントもできるレストランバーという、名古屋では例のない店を開いたのだった。

以来、大学教授によるサイエンスフェスティバル、マニアックなサブカルトークバトル、岩須さん自身が

ぼくも

平成21年創業／map …P182
名古屋市中区栄5-26-39
GS栄ビルB1
TEL 052･253･6950

35席（カウンター4･テーブル9卓）
OPEN 18:00～深夜0:00
（LO23:30）
日祝休
地下鉄矢場町駅より徒歩2分

- 1/2パイント625円（プラチナエール）
- グラス650円（恵那山）
- グラス500円～
- 無
- 自家製ピクルス500円、ニュージーランド産ラム肉のソーセージ1000円、ちりめんじゃこピザ400円、ペンネ1000円、名古屋ハヤシライス700円
- ロックモ

左：ニュージーランドの醸造所を巡りワインをセレクト。「フレッシュ＆フルーティーで日本人の舌になじみやすく、ワイン初心者でも楽しめる」（岩須さん）
右：筆者も毎年のように自主企画のトークイベントをここで開催

フードもNZ産食材を積極的に採用。ラムチョップステーキ3p1550円、ムール貝のパン粉焼き4p650円

「面白い人が集まって悪だくみできる場をつくりたかった」というオーナーの岩須直紀さん。ラジオの構成作家、ワイン講師など多彩な顔を持つ

講師を務めるワイン講座、名古屋の噺家による寄席、営業中に突如始まる朗読会など、不定期だが様々なイベントを企画してきた。最近はアイリッシュやロシア民謡といった民俗音楽のライブにも力を入れている。

一方で飲食の内容もどんどんブラッシュアップ。新ご当地グルメ・名古屋ハヤシの開発に取り組んだり、ワインソムリエの資格を取得し、日本ではまだレアなニュージーランドワインを積極的に紹介するなど、個性と魅力アップに努めてきた。

講演や演奏会というと堅苦しくなってしまうが、うまい酒と料理があればそれはエンターテイメントになる。直感的な気持ちよさと知的好奇心への刺激。トークや音楽、そして飲食の両面でそれらを満たしてくれるハコなのだ。

「ボクモ」から徒歩7分の場所にある姉妹店「ロックモ」。ロックファンが集まり、リクエストのナンバーを大音量で聴かせてくれる

vocal inn ドナリー

ジャズ文化を飲食で支えてきた〝使える〟ダイニングバー

カウンター、テーブル、ボックスシートとレイアウトも多彩で用途に応じて使い分けられる

名古屋のジャズハウスの先駆け「jazz inn LOVELY」（ラブリー）の姉妹店として、ラブリーの開業10年目にオープン。BGMにはジャズの名盤約1000枚の中から「vocal inn」の名の通り、ボーカルナンバーを中心にチョイスする。ただし「DONNA LEE」（ドナリー）はサックス奏者チャーリー・パーカーの代表曲で歌モノではないのでめったにかかることがない。あらためて考えると矛盾をはらんだ不思議な店名だ。

ラブリーでのライブの余韻に浸れる場、運がよければ出演したミュージシャンと交流もできるスペースという意味合いもあるが、ジャズのことは抜きにしてダイニングバーとしてとにもかくにも使い勝手がいい。

栄の駅やテレビ塔からもほど近く、ドリンクはスピリッツやカクテルはもちろん日本酒や中国酒まで、

ぼーかる いん どなりー

昭和54年創業／map …P181

名古屋市東区東桜1-9-35

TEL 052•962•8030

34席（カウンター10・テーブル6卓）

OPEN 18:00〜翌3:00

（食事 LO2:00、ドリンクLO2:30）

無休（年末年始を除く）

地下鉄栄駅より徒歩5分

中瓶650円（キリンラガー）

650円（キリン一番搾り）

グラス550円（十字旭）

グラス500円〜

無

ドナリーサラダ700円、スパゲティ950円〜、なすの中華炒め500円、ぞうすい850円、アメリカンクラブハウスサンド1200円

串かつラブリー、jazz inn LOVELY

左：スタジオのスポットライトを彷彿させる照明

右：ケイコ・リー・ピザ1000円。名前の通り、毎年バースデイ・ライブをラブリーで開いている愛知県出身のジャズシンガー、ケイコ・リーさんにちなんだもの。青じそのピザにケイコさんのリクエストで唐辛子とニンニクを足し、もともと裏メニューだったが現在はレギュラーの人気メニューに

前菜の3種盛り合わせ900円

砂肝のソテーの香味バター500円

店名の「DONNA LEE」は1940年代に活躍したモダンジャズの巨人、チャーリー・パーカーの代表曲。軽快なサックスナンバーで様々なアーティストによるバージョンがある

ジャズを中心にブルース、ソウルなどのナンバーが流れる

フードはバーらしいおつまみから和洋中のご飯物まで大バコの洋風居酒屋並みにバラエティに富んでいる。軽く一杯飲むのもいいし、飲み足りない、食べ足りない時の2軒目、3軒目にも。深夜3時まで開いているから話が尽きない夜に流れてくるのもいい。老舗らしい落ち着きもあるし、耳に心地よいジャズも流れている。それでいてうるさくはないから何なら仕事の打ち合わせだってできる。誰を連れてきても、どんな時に立ち寄っても、納得がいき、満足できる。「迷ったらドナリー」。

こんな一軒を店選びのカードに持っていると、夜遊びの幅がぐっと広がるはずだ。

安西ユーブンドー

本、そしてメイド・イン・ジャパンのうまい酒

店舗は築およそ70年の古民家を改装。ぎしぎしと鳴る急な階段を上っていく屋根裏っぽいシチュエーションにもドキドキする

人の本棚を見るのは不思議とドキドキする。友人の家を訪れるとまずチェックしたくなるし、雑誌で有名人の書斎拝見なんて企画があれば自分の好きな本がないか目を皿にして探してしまう。

　初めてこの店を訪れた際、壁いっぱいの本棚に自分の愛読書をいくつも見つけてついニヤニヤしてしまった。お気に入りの作家の未読の作品を引っ張り出し、ちびちびやりつつページをめくる。最近は名古屋にも読書カフェが増えつつあるが、本＋酒の組み合わせも、コーヒーに負けず劣らず相性がいい。

「『本』をうたうことで酒場に興味がなかった人も入りやすくなるんです」と店主の安西伸太郎さん。バーに1人で入るのに躊躇するのはどうふるまえばいいか分からないから。しかし、ここでは本を開けばいいのだから悩む必要がない。まさに本が店

あんざいこーぶんどー

平成30年創業／map …P183
名古屋市千種区今池1-9-3
今池とんちハウス2階
TEL 無

10席(カウンター10)
OPEN 19:00〜翌3:00
不定休
地下鉄今池駅より徒歩1分

小瓶700円〜(今池ビールなど)
600円(エーデルピルス)
グラス700円(白老、五人娘など)
500円(席料)
チーズとクルミのスコーン300円、ぬか漬け300円、クリームチーズ300円、豚しょうが焼き400円、夜のモーニング600円、安西家のカレー800円

左:豆みそ200円は格好の酒のアテ。ひと口目はしょっぱいが、日本酒と合わせるとふくよかなコクが広がる
右:現代作家の文学作品から詩集、写真集、コミックなどが雑多に並ぶ

安西伸太郎さんは元・公務員で、30歳を過ぎて「好きだったお酒を介して“おいしい”“ありがとう”と気持ちのやりとりができることを仕事にしたい」と飲食の世界へ転身した

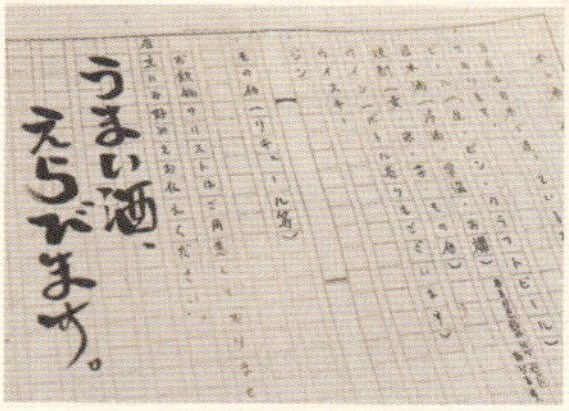

酒リストはなく店主におまかせを

安西さんがほれ込む郡上市の辰巳蒸留所のクラフトジン。銘水の里に移り住みたった1人でジンをつくる、近年のジンブームを象徴する蔵元だ

とお客の媒介を果たし、おかげで女性1人客も少なくないそうだ。

　サブカル色をちりばめた蔵書以上に個性が際立つのが酒のセレクト。日本酒、ビール、焼酎、ワインなどすべて〝メイド・イン・ジャパン〟で統一されている。特に力を入れているのがジンで、岐阜県郡上市の辰巳蒸留所のクラフトジンを多数取り揃える。「金木犀やイチゴなど香りが多彩で、〝これがジン!?〟とびっくりしたんです」と安西さん。日本酒でも、酸味と発酵臭が印象的な千葉・寺田本家の発芽玄米酒など、驚きを感じるユニークなものをチョイスしている。

　本も酒も、新しい出会いから世界を広げてくれるもの。天井が高く広々とした元古民家の空間も、この組み合わせを提案する店にふさわしい。

店名の「コーブンドー」は安西さんの実家で今は廃業してしまった文具店「安西弘文堂」の名を引き継いだ

伏見駅からほど近い四つ角にあり、開け放してあるため、シガーの香りやライブの音色に誘われて立ち寄る人も多い

シガークラブ KANOU

愛煙家以外もウエルカム 四つ角の小さくとも懐深いシガーバー

「たばこは二十歳でやめた」とうそぶいている筆者だが、〝永遠の禁煙〟を何度か解いたことがある。成人後の数少ない喫煙機会のうち、葉巻を初めてくわえたのはこの店でのことだった。

バーテンダーが招き入れてくれるヒュミドール（葉巻保管室）は葉巻の産地の気候に合わせて、湿度70%位、温度17度位に管理されている。ビギナーでも親しみやすいものを選んでもらい、カウンターに戻って火を点ける。煙を口に含むと記憶の中にあったたばことはまったく違う。素朴な土の香りの中に甘みがあり、口の中に残るのはふくよかな香りの余韻。その後に口にしたウイスキーがいつもより芳醇に感じられるのも不思議な魅力だった。

「葉巻は一本吸うのに30分から1時間かかる。その間、ゆとりの時間と至福を感じて過ごせるんです」とオー

しがーくらぶ かのう

平成11年創業／map …P180
名古屋市中区栄1-10-30
モンテシャリーヌ1階
TEL 052・231・5534

20席（カウンター4・テーブル7卓）
OPEN 15:30～翌1:00
日月休
地下鉄伏見駅より徒歩5分

小瓶800円（キリンラガー）
800円（ハイネケンドラフトなど）
グラス800円
無
厚焼ベーコン玉子サンド1200円、スモーク盛り合わせ1200円、ピザ1200円、生チョコラム風味1000円、日替りケーキ650円～、レーズンバターサンド300円、ミートパイ1200円

左：大人のプリン650円。カラメルがほろ苦く、途中でブランデーをたらして味の変化も楽しめる
右：名物のとろとろオムカレー ミニサラダ付1350円

世界各国の珍しいたばこも扱う

月2回、ジャズなどのライブも開かれる。第1・3金曜の夜8～10時でノーチャージのおひねり制

ウォークインタイプのヒュミドール（葉巻保管室）。葉巻はキューバ産を中心に約250種

ナーの加納やすこさん。

店は昭和28年に4坪のパン販売店として開業。昭和54年にタバコ販売も始め、建て替えでスペースを2倍に拡張したのを機に、平成11年にシガーバーとして生まれ変わった。キューバ産のラムなどスピリッツが豊富な上、カレーをはじめ燻製などのつまみやデザートも手づくり。シガーだけでなくフード、ドリンクとも充実している。

〝酒もたばこもやらない〟が無趣味の堅物を指す言葉だったように、かつて喫煙は飲酒と並ぶ大人の嗜みだった。今後もたばこを習慣的に吸うつもりはない筆者だが、酒飲みとして同じく愛すべき嗜好品をもつ愛煙家には大らかでありたいと思っている。紫煙を愛する彼らの気持ちを理解するために、たまにはここでシガーをくゆらすのもいいかもしれない。

open house

伝説のブルース喫茶が〝飲み屋力〟を爆上げして復活！

旧 open house 時代の看板は当時店長を務めた日本屈指のブルースシンガー、近藤房之助さんが描いたもの

旧 open house 最後の店長だった得三オーナーの森田裕さんが、バンド仲間の横山一明さんと共に2018年12月に復活オープン。平日はブルース＆ソウルバーとしてレコードをかけ、週末はライブを開催

昭和46年に開店し、平成3年に惜しまれつつ30年の歴史に幕を閉じた「open house」。この伝説のブルース喫茶が、27年の時を経て復活！

狭くておっかないイメージだった旧店と比べて環境ははるかに快適に。空間にはゆとりがあり、何より飲み屋としての質、使い勝手がライブハウスレベルじゃないほど格段にアップした。料理は手づくりで種類も豊富。開店から2時間はお得な晩酌セットがあり、さらに鉄板ナポリタンなどがっつりメシもある。

平日は膨大なLPの中からブルースやソウルをチョイスして流す。音は図太いのに会話が通る音響環境にも感心する。ブルースってオジさん臭そう…と思っていたのに「ライブも観てみようか」という気にさせられたら、店主もしてやったりだ。

鉄板ナポリタン930円

おーぷんはうす

平成30年創業／map …P183
名古屋市千種区今池1-9-16
仲屋ビル B1
TEL 052･753･4300

50席（カウンター16･テーブル7卓）
OPEN 18:00～翌1:00
無休
地下鉄今池駅より徒歩1分

中瓶650円（サッポロラガー）
650円（サッポロ黒ラベル）
1合700円（長珍など）
無
仲屋パンのトースト250円、手羽唐（2本）380円、ピザ各種ハーフ550円～、鉄板肉味噌まぜ飯850円
Tokuzo

18時～20時限定の晩酌セット。ドリンク＋日替わり2品で1000円と超おトク

コラム

なやばし夜イチ

月にひと晩だけ登場する名古屋の川べりの屋台街

近年新しい屋台の形が名古屋の夜をにぎわしている。堀川沿いの納屋橋〜錦橋間の遊歩道に50〜60もの屋台がズラリ。毎月第4金曜に開催されている「なやばし夜イチ」だ。

スタートは平成22年8月。主催者は当時二十歳そこそこだった元バックパッカーの寺園風さん。「18〜20歳までアジア諸国を旅して、帰国した時に仲間と飲みながら〝名古屋って夜が寂しいよね〟と話してたんです。アジアはいろんな街にナイトマーケットがあって、そこで町の人と接点をつくることができる。名古屋でもそれができないかと思ったんです」

当初は集客にも出店者集めにも苦労したが、2、3年と続けているうちにマルシェブームの影響もあってプロの飲食業者の応募が増加。来場者数も上向きになっていった。

オリジナルのビールや日本酒を開発し、平成31年からは営業時間を延長して夜22時までの開催に。「月1ではなく毎週末このにぎわいをつくりたい」（寺園さん）「雨が降っても来てもらえるようアーケードを設けたい」（スタッフの福本敏徳さん）と、今後も内容の充実が図られそうだ。

たこ焼きなどB級グルメもあって、おしゃれなマルシェとはちょっと違う自由な雰囲気が漂い、何より夜開催だから大手を振って酒を飲める。月に一夜だけ現れる屋台街で、街の景色の中で飲む楽しみを大いに味わいたい。

毎月第4金曜17時〜22時。なやばし夜イチ公式ブログ http://natsu1yoichi.blog133.fc2.com/

酒場

店の空気は店主やスタッフだけでなく
お客も一緒につくり出すもの。
たくさんのお客がわいわいがやがやと
過ごしていて初めて、酒場の空間に
にぎわいという命が吹き込まれる。
つまり、あなたの笑顔は酒場に不可欠。
さぁ今宵も、自分を必要としている
あの店に行ってあげなくちゃ。

第八章

にぎわい

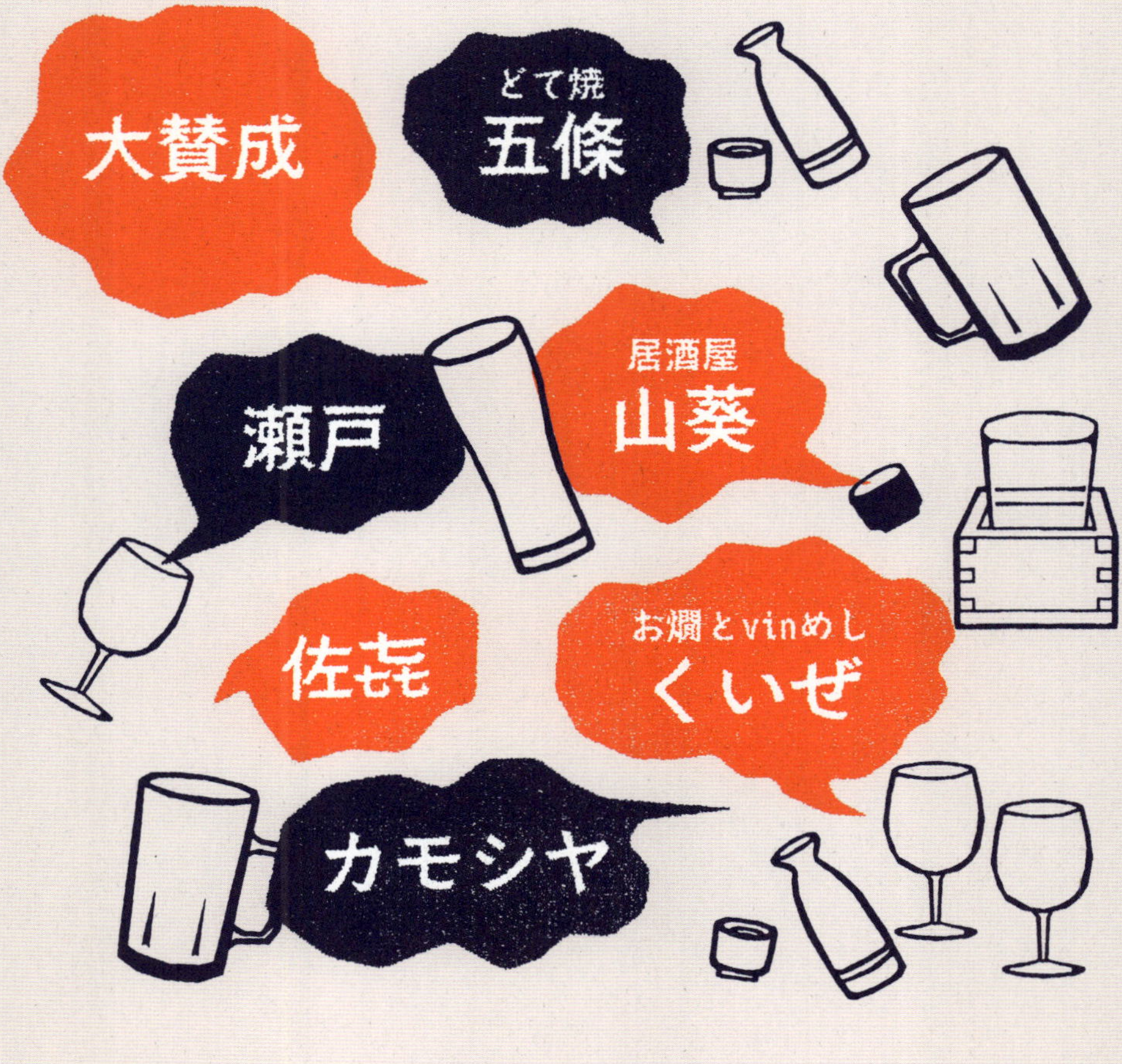

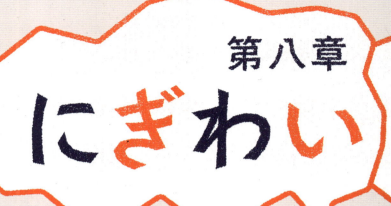

フランス惣菜と串カツ marbrade

日仏友好の最強コンビ（?）串カツがあればフレンチだって気軽に

隣の精肉店の直営店「串かつ まんもちゃん」の店舗を、店長だった西村慎一郎さんが受け継ぎ新規オープンした。左からカマンベールチーズフライ、メンチカツ、前菜の3種盛り

日本ではまだまだ高級なイメージが強いフランス料理と、B級グルメの代表格である串カツ。組み合わせも意外だが、揚げたての串カツはリーズナブルなのに肉質もよく、フレンチのアラカルトも本格派で、この二本柱のクオリティの高さに驚かされる。

丸イスが並ぶ店内はいたってチープで確かに串カツ店風。それもそのはず。以前は隣の精肉店が営む串カツ店として親しまれてきた場所であり、オーナーシェフの西村慎一郎さんはそこで店長を務めていたのだ。串カツ店をたたむにあたって、西村さんが独立して新たな業態としてスタートさせたのだった。

10代の頃のフランス旅行を機にフレンチの料理人を志した西村さん。国内や本場のレストランで経験を積んだ後、肉の知識を深めようと精肉店に就職。そこで、串カツ店を任され

ふらんすそうざいとくしかつ まるぶらーど

平成30年創業／map …P180
名古屋市中区新栄2-15-6
TEL 090-4086-9279
（予約問合せ12:00〜17:00）

16席（カウンター6・テーブル2卓）
OPEN 17:00〜23:00（LO22:00）
水日休
地下鉄新栄駅より徒歩8分

中瓶550円（アサヒスーパードライ、サッポロラガー）
生中400円（アサヒスーパードライ）
グラス450円、ボトル2500円
無
串揚げ80円〜、串カツ100円、黒豚コロッケ100円、手羽先100円、和牛テールとすね肉のテリーヌ820円、フォアグラのテリーヌとパンデピスのサンド1400円

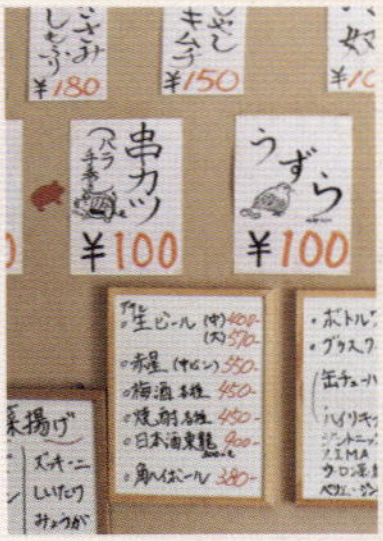

左：手描きのイラストが添えられたメニューも飾らない店の雰囲気を象徴している
右：串カツはヒレやバラの手巻きなど部位を選べ1本100円。衣が軽く、何本でも食べられる

豚ほほ肉や鴨、フォアグラなどをパイ生地で包んだパラクルートは自慢のスペシャリテ。今後は本国のコンテストにも出品しようというほどカのこもった一品。1500円

調理から提供まですべて1人で切り盛りする西村さん。どんなに忙しくても笑顔を絶やさない人柄もお客を魅了する

ることになったのが、現在のスタイルにつながっている。

「串カツって衣も揚げ方も店ごとに個性があるし奥が深い。何より誰もが気軽に食べられるので、串カツをきっかけにすればフランス料理も気軽に食べてもらえるのでは、と考えたんです」

さて、店名のマルブラードとはフランス南西部の伝統料理である豚肉のゼリーよせのこと。店の名前としながらなぜかまだメニューにはない。

「マルブラード発祥の地域ではまだ食べたことがないんです。ちゃんと本物を食べてから作りたいんです」

毎年一度はフランスへ渡ることにしていて、次の渡仏の一番の目的は本場のマルブラードを食すことだそう。新たなスペシャリテとしてメニューに加わるのを楽しみに待ちたい。

お燗とvinめし
くいぜ

パンにもカレーにも合う(⁉)驚きの燗酒マジック！

どの席に座っても店主との距離が近い店内。1カ月2000円で1日1杯目が無料となるドリンクフリーパスもおトク。左から鮎のコンフィ、アボカドの粕漬、南インド風カレー

自家製酵母のパン、ごぼうの酒粕煮、ジャガイモとチーズのガレット、日替わり南蛮漬け、発酵たまご、鶏の唐揚げ、豚肉のハンバーグ…と和洋の垣根がないメニューの数々。これらに合わせてくれるのは何と燗酒。マッチングによって銘柄はもちろん温度を変えたり、加水することも。そしてこれが驚きのマリアージュ。例えばにごり酒のぬる燗の乳酸っぽい酸味が、南インド風カレーのスパイシーさをまろやかに包み込むなんて！一品と一杯の組み合わせごとに、食の新しい世界が広がる驚きたるや！

店主の小澤篤史さんは病院の管理栄養士を経て、平成29年に30歳にしてこの店を開業した。勤め人時代から食べ歩きや料理は趣味だったが、ある出会いが現在への道筋を決定づけた。

「京都の日本酒バーで、それまでは

おかんとばんめし　くいぜ

平成29年創業／map …P180

名古屋市東区葵2-11-22

アバンテージ葵1階

TEL 052・932・2322

10席（カウンター8・テーブル1卓）

OPEN 16:00〜23:00

（土は14:00〜）

日祝休

地下鉄新栄駅より徒歩8分

小瓶500円（エビス）

500円（サッポロラガー、エビス）

1合700円〜

グラス900円〜

無

自家製パン300円〜、前菜盛り合わせ900円〜、パテドカンパーニュ600円、鴨ロース醤油煮700円、南インド風カレー500円

「日置桜　強力　純米八割搗き濁酒」。米の粒々感が残る独特の口当たりや爽やかな甘酸っぱさが印象的。蔵元の山根酒造はどの銘柄も一軒の農家の単一の米で仕込むのが特徴

パンは日本酒や酒粕などユニークな自家製酵母でつくる。意外や日本酒とマッチする

左：店主の小澤さん。店名は中国の古事「守株」＝くいぜを守る、の語感からとったもの

中：日本酒は名古屋の飲み屋ではあまり見かけない山陰地方の銘柄が主体

右：生シラスとレモンはタンニンのある白ワインと合わせて

苦手だった燗酒を薦められたんです。これが衝撃的なおいしさで…！どんな料理にも合う奥深さに魅了されて、もっと知りたい、もっとおいしく食べて飲みたいとどんどんハマっていったんです」

その時に飲んだのが鳥取・山根酒造の日置桜だった。燗して飲むのを前提に火入れした造りが特徴で、店で扱う日本酒も同様の特徴を持った山陰地方のものが中心となっている。

その他にも、純米酒に通じる適度な酸のある自然派ワイン、個性豊かなベルギービールなど、酒のラインナップは醸造の懐の深さを感じられるものばかりだ。

醸造のチカラを活かせば酒と料理の組み合わせはまさに無限大。わずか10席の小さな店が、新しい食の世界の広がりを見せてくれる。

BUTATAMAマジュール

ワインバー×お好み焼き屋 腕利きソムリエ＆シェフコンビの正解

木の調度品と白い漆喰壁のシンプルでシックな店内はいかにもワインバーといった趣

〝ワイン×お好み焼き〟というユニークなマリアージュが目玉。やや暗めの照明にワイングラスがバックカウンターに整然と並ぶ店内はシックな雰囲気。だが、扉を開けるとすぐ横に鉄板が設えられ、リズミカルに調理するオープンキッチンはライブ感があって、このギャップもまた面白い。

ソムリエの高橋隆一さん、料理長の杉浦正則さんは10年来のコンビで、それぞれホテルやフレンチレストランなどで腕を磨き、キャリアは十分。ハイソな業態も経験してきた2人だが、よりカジュアルにワインと食事を楽しんでもらいたい、と考えた末に導き出された解答が現在のスタイルだった。

「料理とお酒のマッチングをこちらから強く提案するのではなく、自由に楽しんでもらいたい。そのためにどちらも選択肢は幅広く用意してい

ぶたたままじゅーる

平成29年創業／map …P180
名古屋市東区東桜2-20-9
天陽第一ビル1階奥
TEL 052･931･1600

20席（カウンター9･テーブル3卓）
OPEN 18:00～深夜0:00
(LO23:30)
日休
地下鉄新栄駅より徒歩3分

- 中瓶650円（サッポロラガー）
- 500円（サッポロ黒ラベル）
- 1合600円
- グラス450円～
- 無
- 豚玉680円、とん平オリジナル880円、焼きそば680円～、ポテトサラダ380円、黒毛和牛の鉄板焼き3200円、エスプレッソプリン380円

左：豚玉680円は小ぶりなサイズでおつまみにも〆にもいい。山芋たっぷりで分厚くてふんわり。奥はカニとアボカドロール780円
右：ワインに合う前菜も豊富。田舎風パテは480円

ホテルのシェフソムリエのキャリアも持つ高橋隆一さんが接客を担当

フレンチレストランなどでの経験が豊富な杉浦正則さんが鉄板焼きをはじめすべての調理を担う

ます」と高橋さん。杉浦さんも「子供の頃に近所のお好み焼き屋で食べた時のおいしさを再現したい」と、お互いに屈託がない。

冒頭の組み合わせを必ず、というわけではなく、鉄板焼きでおなかいっぱいになる、ワインバーとして2軒目に立ち寄る…など自由度は高い。事実、筆者は子ども連れの家族何組かで貸し切り利用したことがある。ふわふわのお好み焼き、アツアツの鉄板メニューは子どもたちにも大ウケ。フレンチ仕込みのアラカルトに、リーズナブルからプレミアムまで厚みのあるワインのラインナップは呑んべの親たちも願ったり。ミシュラン掲載店をこんな大衆居酒屋的な使い方をして申し訳ない…そんな風に思いつつも、またにぎやかなメンツでうまい料理と酒を独占したいと思っている。

カウンターが厨房を囲み、どの席からも麺打ちの様子を見られる

うどん 太門

讃岐×名古屋のハイブリット 目からうろこのうどん居酒屋

うどん文化の街である名古屋だが、これを肴や〆にして飲むという習慣はほとんどない。名古屋人にとって、うどんはお腹を満たすがっつりメシのひとつだからだ。そんな中、〝うどん居酒屋〟ともいうべきこの店は新鮮かつ貴重な存在だ。

うどんは讃岐＋名古屋のハイブリット。店主の衣笠太門さんは讃岐で修業を積んだ上で、名古屋独特の手打ちの技法も独自に学習。讃岐流をベースにしつつ、名古屋の麺に合う愛知県産小麦きぬあかりを使い、塩分濃度を高くしてひと晩寝かせて熟成させるこの地域特有の製法をかけ合わせている。ダシも瀬戸内のイリコと名古屋風味のムロアジのミックスで、上品な香りと力強い風味が両立している。

酒肴にもうどん屋らしさが。麺を揚げたう・ドンフライ、うどん出汁を使った出汁おでん、天ぷらにもき

うどん たもん

平成24年創業／map…P183
名古屋市千種区今池5-9-18
TEL 052･753･9338

12席（カウンター12）
OPEN 18:00～LO22:00
日月休
地下鉄今池駅より徒歩2分

- 中瓶590円（サッポロラガー）
- 590円（日替わりクラフトビール）
- グラス60ml 390円（各種）
- グラス590円（ながらワインなど）
- 400円
- かけうどん590円、かま玉590円、出汁おでん150円～、自家製紅生姜の天ぷら390円、自家製チーズとうふ390円、創作うどんセット2200円

左：利き酒セット790円。日本酒の古酒など希少な銘柄にも出会える
右：さっぱりして〆にぴったりのすだちころ790円

付き出しも4種盛りで手がこんでいる

野菜と豆腐の揚げだし690円

学生時代に讃岐うどんにハマり、うどん職人になった衣笠太門さん

ぬかりを使い、衣に厚みと食べ応えがある。

酒のラインナップも面白い。日本酒は全国の個性的な銘柄をチョイスし、3種を飲み比べられる利き酒セットがおトク。生ビールはクラフトビールを日替わりで用意する。

もちろん〆はうどん。厨房の中央に麺打ち台と製麺機が置かれ、目の前で今まさに麺を打つ様はそれだけで期待が高まり、酒の肴になる。麺には讃岐ならではのコシと名古屋らしい粘りとうまみがあり、まさに両者のいいとこ取りだ。

「名古屋のうどんは讃岐にだって全然負けてませんよ！」。こんな衣笠さんの言葉も、うどん好きでありながら地元の麺文化を当たり前と思いすぎている名古屋人にとってはこれまた新鮮。思わずもう一杯、とお替りしたくなる。

醸しメシ　かもし酒

糀や

自家製麹でおいしさも優しさもアップ
発酵ワールドへようこそ

発酵がテーマだが堅苦しい雰囲気はなく、おしゃれな居酒屋として気軽に利用できる。
左から豚ヒレのヨーグルト味噌カツ、発酵五種ポテトサラダ、越田商店・物凄い鯖焼

「発酵」人気の先駆けとなった塩麹のブームは２０１０年代初めからのこと。肉でも魚でも野菜でも、塩麹を使うだけで味に深みが加わりおいしさがアップする。流行りモノの中では珍しく、主に一般家庭で広まったが、少し遅れる形で外食業界でも発酵をキーワードにする店が増えてきた。名古屋では、そのものズバリのネーミングのこの店が、平成29年7月にいち早く登場した。

「発酵＝酸っぱい、というイメージを抱かれがちですが、うまみが増すのが何よりの魅力です」というのは店長の青島彩美さん。フードもドリンクも、メニューの大半は自家製の麹や調味料を使ったもの。居酒屋系名古屋めしの定番、味噌串カツだって豚ヒレを塩麹に漬け込み、黒にんにく味噌とヨーグルトをたっぷりかけるという発酵の三重奏。ポテトサラダはヨーグルト、ピクルス、アン

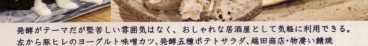

かもしめし　かもしざけ　こうじや

平成29年創業／map…P179
名古屋市中村区名駅4-13-3
TEL 052・561・0850

24席（カウンター10・テーブル3卓）
OPEN 11：30〜14：00、17：00〜23：00
日休（月が祝日の場合は営業）
JR・名鉄・近鉄・地下鉄名古屋駅より徒歩5分

600円（ハートランド樽生）、700円（ワイマーケットブルーイング樽生）
グラス120ml 450円〜（黒澤酒造 生酛純米80）
300円
発酵五種ポテトサラダ680円
Y. MARKET BREWING KITCHEN 他

左：シュワッとした爽快感の中にほんのりまろやかさがある酵素レモンサワー600円
右：店のいたるところに自家製の発酵調味料、発酵食品の保存瓶が

店の奥はテーブル席。グループで飲むならこちらがお薦め

酵素レモンシロップをかき混ぜる店長の青島彩美さん

チョビ、チーズ、豆鼓《とうち》と5種類の発酵食品入り。レモンサワーにしても、焼酎にレモンを3か月以上も漬け込んだ酵素シロップを使う。生味噌や醤油麹も自家製で、無添加・無化調のメニューはどれも味わいは重層的で奥深く、体に優しい。日本酒は長野県南佐久の黒澤酒造製のみ。清酒酵母を純粋培養する伝統的な生酛《きもと》造りを中心とした蔵元で、キレのいい酸やふくよかなうまみは食中酒にもってこい。名古屋唯一のブルワリー、Y.MARKET BREWING KITCHENの系列なので同社のクラフトビールも飲める。

健康志向の店だけに女性客が目立つが「男性にこそ来てほしい」と青島さん。おじさんは席料不要の「親父割」なるサービスもあるので、我こそはオヤジである！と自覚する人は堂々とカウンターに陣取っていただきたい。

居酒屋 山葵

食文化の壁を乗り越えたそば居酒屋の先駆け

人気のカウンターは毎晩予約でほぼ満席

そばよりもうどん派が圧倒的に多い名古屋。そんなうどん文化の街において、ここ山葵は〝そば居酒屋〟の先駆けとして平成半頃に開業した。

店主の加藤康式さんは長年、名古屋のうどん店に勤務し、うどん、きしめん、味噌煮込み用麺、そしてそばまで手がけてきた。行く行くは自分の店を、と思い描いていた20代の頃、東京で立ち寄ったある店の風景に衝撃を受けた。

「そばがメインの店で、お客さんがお酒を飲みながら楽しんでいる。名古屋では見たことがなかった様子に〝これだ!〟と思ったんです」

すぐに和食店に移って調理技術の幅を広げ、31歳で念願の独立開業を果たした。そば粉はオリジナルでブレンドし、つゆは酒との相性を考慮して甘みを控えるなど、居酒屋に合った味に改良を施した。だが、当初は〝〆にそば〟というスタイルは理

いざかや わさび

平成13年創業／map …P182
名古屋市中区栄1-29-8
TEL 052･221･9966

33席（カウンター9･テーブル7卓）
OPEN 11：30〜LO13：30、17：00〜LO22：00（金･土は夜のみ）
日祝休
地下鉄伏見駅より徒歩8分

- 中瓶720円（キリンラガー）
- 600円（一番搾りプレミアム）
- グラス480円〜
- 無
- おばんざい450円〜、ざるそば630円、そばのしゃぶしゃぶ（2人前）1880円、大将のおまかせコース4000円〜、月替わりご宴会コース5300円〜
  ※価格はすべて税込

夏のおばんざい、ひめかさごの玉子けんちん蒸し580円

夏野菜のトマト煮580円

おばんざいは旬の食材を活かした8品。一週間ですべて入れ替わる

左：日本酒は常時10銘柄以上を取り揃え、売り切るごとに異なる銘柄を取り寄せる。メニュー表にスタッフ1人1人のお薦めコメントが書いてあるので会話のきっかけにもなる。生ビールチケット（通常1杯620円のところ10杯分で5600円）も喫茶店のコーヒーチケットみたいで名古屋らしい
右：ピンと角のたったのどごしのよいそばは、季節によって太さを変え、夏はさっぱり、冬はつゆとよくからんでほっこり

解を得られなかったという。

「〝きしめんはないの？〟といわれたりして、一番食べてもらいたいそばをなかなか注文してもらえませんでした」

それでも、お客の1人1人に欠かさず〆のそばを提案。つまみとしても食べられるそばのしゃぶしゃぶも新たに取り入れた。一方でカウンターに目移りするほどのおばんざいをズラリを並べるなど、居酒屋としての魅力アップにも力を注いだ。こうした地道な取り組みが徐々に身を結び、「今ではお客さんのほぼ全員がそばを食べてくださいます」という。

食文化の壁を乗り越えると同時に、決してよくない立地のハンディもものともせず、今や毎晩満席の大人気店に。近年、名古屋でも少しずつそばで飲める店が増えつつあるが、その礎を築いたのがこの店であることは間違いあるまい。

大賛成

昭和の空気がよみがえる 令和生まれのネオ大衆酒場

近年の外食シーンのトレンドともいうべき「ネオ大衆酒場」。安くて、うまくて、昭和のムードがあるのが魅力

令和の改元後にオープンしたばかりだというのに、まるで古くからそこにあったかのような存在感で連日多くのお客でにぎわう〝ネオ大衆酒場〟。大通りに面したガラス張りの入口が開け放され、通りすがりでも活気あふれる雰囲気の中に加わりたくなる。

昭和の大衆酒場を現代によみがえらせた空間は、コの字のカウンター、壁中に貼られた赤枠のメニュー短冊に彩られている。ひと昔前の映画やビールのポスター、パイプいすにまねき猫、スタッフの白衣…と完璧な昭和テイスト。オジさん世代は文句なしになごめるし、この時代をリアルに体験したことのない若い世代もなじめる。日本が活力にあふれていた時代の空気感は、今なお幅広い人たちの心に共感性をもたらすのに違いない。

メニューも居酒屋の王道を行き、焼

だいさんせい

令和元年創業／map …P180

名古屋市東区葵1-17-24

C&S葵1階

TEL 052・979・2155

45席（カウンター13・テーブル14卓）

OPEN 16:00～深夜0:00

日休（月に２回月休）

地下鉄新栄駅より徒歩1分

中瓶560円（サッポロラガー）

490円（サッポロ黒ラベル）

1合390円（富貴）

角ハイボール390円

無

串120円～、おでん90円～、味噌串カツ（2本）360円、モツ煮込み490円

french diner eau

左：徳利や猪口など、酒器や器類もシンプルな昭和風

右：やきとりは手前からねぎま150円、鶏もも150円、レバー150円、豚バラ150円、皮120円。大ぶりで食べごたえがある

四川風よだれ鶏720円

モツ煮込み490円

ダシが決め手のおでん。大根140円、たまご130円など

き鳥とおでんが二本柱。焼き鳥は甘みとうまみのバランスがいい奥三河産を使い、肉のジューシーさやしっとり感を活かした焼き加減。タレはジュレに通じるようなつややかさがあって味わいは上品だ。おでんは昆布、カツオ、アゴでダシを取り、品のあるうまみがしっかりとしみている。実はすぐ近くにある人気のフレンチダイナー「eau」の姉妹店で、デリケートな火の入れ方などはそのキャリアが反映されている。おでんは関東煮、もつ煮は醤油ベースと、あえて名古屋めし色を強くは打ち出していないのも、大衆＝日本の庶民と幅広くとらえているからだろう。

願わくば20年、30年と続けて、令和育ちの世代にも昭和の文化を伝える役割を担ってもらいたい。

壁にびっしり貼られたメニュー。メニューのところどころスタッフのつぶやきが混じっているのを探してみるのも楽しい

佐㐂

誰しもの顔がほころぶ仲良し母娘の酒処《さけどころ》

8席の小さな店内はいつも笑顔に包まれる。週末は左紀子さんの娘さんも店に出て、3代で切り盛りする

アーケード街の中にあり、店の外で飲むお客も

明るい店主母娘を囲んでいつも笑顔の輪ができる。地元のなじみ客も多いが、週末は若い観光客の姿も。昭和のドラマに出てきそうな食事処は、下町情緒と大らかさにあふれている。

定番は赤味噌で煮込むどて。甘辛で複雑な奥行きがあるのは「煮詰まりそうになったらビールや日本酒を入れて薄めてるのよ」という豪快さの賜物だ。

「もともと料理が好きで、50歳の時にこの店を開くことにしたの」と女将の大鹿みさ子さん。店名は娘の左紀子さんから取ったものだそうで、「物心ついた頃から一度もケンカしたことないんですよ」と左紀子さんがいうほど母娘関係は円満。2人の仲のよさが伝わり、一見でもすぐにとけ込んで隣の人とも仲良くカンパイできるのだ。

さき

平成4年創業／map …P182
名古屋市中区大須2-17-2
TEL 052･221･6425

8席（カウンター8）
OPEN 11：30〜15：00、17：00〜20:00（土日祝は11:30〜19:00）
水休（7･8月は火水休）
地下鉄大須観音駅より徒歩5分

大瓶670円（サッポロ黒ラベル、キリンラガー）
670円（サッポロ黒ラベル）
1合410円（菊正宗）
540円（くろうま、黒伊佐錦）
無
串カツ330円、えび串560円

どて（＝味噌おでん）はどれも130円。味噌のコクが複雑でビール、日本酒、焼酎、何にでも合う

どて焼五條

八丁味噌ベースのこてこて感 どて焼はこれぞ名古屋テイスト！

ご主人の山田悦勝さんは結婚を機に脱サラし、奥さんの地元である円頓寺に店を構えた

カウンターが並行して2本あり、入口も2か所。横歩きしながら奥へ進む狭さも一体感を生む

どて焼は八丁味噌に赤だし味噌などをブレンドし、新鮮なモツを加えて煮込む。味噌はこってり、モツはとろっと柔らかい上にぷりっとした弾力がある。

「モツを丁寧に下処理すれば臭みも出ない。串に刺す店もあるけど、うちは小鉢によそい鍋の味噌をすくってかける。味噌は煮込みすぎると苦味が出てくるから、使った分を継ぎ足して、できるだけ早く鍋の中の味噌を回転させるんです」と店主の山田悦勝さん。味噌おでん、味噌串カツも同じ味噌ダレを使い、名古屋らしいこてこてテイストを堪能できる。

トタン貼りのいかにも年季の入った店舗はかつては八百屋だったそうで、築何十年なのかも定かでないとか。この渋〜い空間がまだ明るいうちから常連で埋まる。一見素っ気ない女将・たつ子さんが笑顔を見せてくれたらなじめた証拠。実は温かみのある素顔を見たくてまた足を運びたくなる。

どてやき　ごじょう

昭和52年創業／map …P179

名古屋市西区那古野1-37-28

TEL 052・565・0739

20席（カウンター20）

OPEN 17:00〜22:00

日祝休

地下鉄丸の内駅より徒歩3分

大瓶530円（キリンラガー、アサヒスーパードライ）

500円（アサヒスーパードライ）

1合370円（白鶴）

無

焼とり100円、とんやき100円、つくね150円、どて焼280円、味噌おでん100円

小鉢によそうタイプのどて焼は280円

カモシヤ

味噌おでん&ワインの意外なマリアージュ

「女性のお客様も多いんです」と店長の池上由紀子さん。おでん用のかまどには木曽砂に木曽川のしじみの貝殻を埋め込んである

外観、内観ともに構えは和風だが、コルクを装飾に使うなどところどころワインバーのエッセンスが

「ワインをもっと気軽に飲める酒場をつくりたかったんです」とソムリエ資格を持つオーナーの橋本雄生さん。そこで着目したのが名古屋の大衆居酒屋の定番、味噌おでんだった。この意外なマッチングを実現させるためには何重もの創意工夫が。地元「ナカモ」の名古屋味噌に、赤ワインとポートワインで甘み・酸味・風味を加え、さらに臭みが出ないように牛テールを使い、しじみでダシを取る。トマトやアボカドなど他にはない具材も、奥行きのある味噌に包まれて意外なほどワインとマッチする。グラスワインは毎日6種類以上あるので、様々なマリアージュを試してみたくなる。デミグラスソースに味噌を加えたオリジナルの〝新・名古屋めし〟名古屋ハヤシもまたユニークだ。

　杉玉が下がる町屋風の構えもまたワイン推しの営業方針からは意外。いい意味で何重もの裏切りを楽しむことができる。

かもしや

平成22年創業／map …P181
名古屋市中区錦3-16-8 森万ビル1階
TEL 052・963・6730

24席(カウンター6・テーブル4卓・個室1室)
OPEN 16:00～深夜0:00
日休(月が祝日の場合、日営業、月休)
地下鉄栄駅より徒歩1分

中瓶550円(サッポロラガー)
480円(サッポロ黒ラベル)
グラス450円(秀撰)
グラス500円～
個室のみ席料300円
おでん90円～、牛テール(小680円)、アンチョビポテト480円、名古屋ハヤシ780円

味噌おでんは豆腐90円、大根280円、もち巾着200円など

テンポよくもんじゃを焼く岡和田和輝店長。鉄板焼きはセルフの店も多いがここでは必ずスタッフが調理する

店内はいつも満席。熱気と活気に包まれる

木村屋本店

もんじゃ焼き十全国の酒肴
熱気あふれる鉄板酒場

カチャカチャ、カンカン、じゅわわ〜！リズミカルなヘラさばきでもんじゃが焼き上がる。小ベラで鉄板からこそげ取ると、とろとろでおこげはカリッ。生地にまろやかさがあるのは隠し味のビールのおかげ。ビールもぐびぐび止まらなくなる。

　はしご酒の〆として初めて食べたもんじゃのおいしさに魅了された店主の木村賢二さん。その店で7年間の修行を積み、独立し店を構えた。浅草流の基本を守りつつ、明太子やもち、ベビースターラーメンなどのトッピングでメニューの幅を広げるとともに、居酒屋であることにもこだわった。

「東京のもんじゃ屋はもんじゃしかない。でも、自分がはしご酒で出会ったので、その楽しさを伝えるために酒の肴を選べる店にしたかったんです」と木村さん。全国各地の酒肴をつまみ、絶品もんじゃで〆るのが木村屋流だ。

きむらやほんてん

平成10年創業／map …P182
名古屋市中区栄5-10-35
ヴィラ下里1階
TEL 052・252・0222

44席（カウンター6・座敷24人）
OPEN 17:30〜翌1:00
（日祝は〜23:00）
月休（祝日の場合は営業、翌日休）
地下鉄栄駅より徒歩8分

中瓶550円（キリンクラシックラガー、アサヒスーパードライ）
530円（キリンラガー）
無
もんじゃベース600円、トッピング各種100円〜、お好み焼き800円〜、焼きそば800円〜、そばめし800円、砂肝ガーリック450円、
木村屋豊田店

栄の中心部ながら穴場的立地

鉄板台所 かちゃぐり屋

ライブ感あふれる鉄板クッキング！

活オマール海老は1尾4500円前後～。エビマヨ炒めかガーリック炒めで

大将の加藤旭敏さんの手際のよいへらさばきも魅力。名物の穴子のだし巻きは1050円

創業して早四半世紀。オープンした平成初期は、鉄板焼きと言えば庶民的なお好み焼き屋か高級な焼肉、ステーキの店しかなく、鉄板焼きメインの居酒屋であるこの店の登場は画期的だった。

名物はだし巻き玉子。薄い層が何重にも重なる断面はロールケーキのようで、口当たりはふわふわでなめらか。お好み焼きもふんわりした柔らかさとくちどけのよさが特徴で、こちらはメレンゲの泡立ちがポイント。いずれも数え切れないほどつくるうちに、鉄板と会話ができるかのように絶好のタイミングを見出していったという。この他、和牛ロースや活オマール海老など高級食材を使ったメニューもあり、思い切って奮発するのもいい。

特等席はカウンター。鉄板の上でくり広げられる熱気あふれる調理をライブのように鑑賞しながら、ワクワク感を高めたい。

てっぱんだいどころ かちゃぐりや

平成5年創業／map …P179
名古屋市西区名駅2-23-14
VIA141 1階
TEL 052･586･3653

52席（カウンター18･テーブル7卓）
OPEN 17:00～深夜0:00（日祝は～23:00、LO 各1時間前）、火休
JR･地下鉄名古屋駅より徒歩10分

小瓶600円
グラス490円（キリン一番搾り）
1合640円（辛丹波）
500円
お好み焼き1050円～、穴子のだし巻き1050円、特選和牛ロースステーキ100g 2900円
かちゃぐり屋とっとき

カウンターの他、掘りごたつ式のテーブル席もあり、グループやファミリーの利用も多い

瀬戸

名古屋めしからフレンチ、アジア料理まで自由自在

ワインは産地にこだわらず多彩に取り揃える

フレンチ出身でソフトモヒカンがトレードマークのオーナーシェフ、中筋義明さん

味噌串カツにどて煮、手羽先といった名古屋めしもあれば純和風の大皿惣菜、豚バラ肉のリヨン風煮込み、南インド風カレーまで。さらに充実したワインセラーも。「地材料理」を謳う通り、土地の素材を自在に調理したジャンルレスのメニューが揃う。

「フレンチ中心のつもりがお客さんの声に応えていたらいつの間にかこうなったんです」と笑うシェフの中筋義明さん。毎年恒例だったヨーロッパのワイナリー巡りから、近年は南インドへ興味の先が向き、「スパイスを利かせた炊き込みご飯ビリヤニやさらっとしたダル(豆)カレーなど、日替わりでこの地域の料理を出しています」という。

豊富なワインのラインナップを活かして、ぶどうの品種で世界各国の銘柄を提案するフェアなども。オーダーに迷ったら是非「おまかせで」。シェフの料理人魂に火がつき、魅惑の取り合わせを堪能できるかも…！

せと

平成10年創業／map …P181
名古屋市中区錦3-17-28
ブルームーンビル2階
TEL 052･962･7212

34席（カウンター8･テーブル4卓･個室1室）
OPEN 18:00～深夜0:00LO
（土は～23:00LO）
日祝休、地下鉄栄駅より徒歩3分

中瓶700円（アサヒスーパードライ）
600円（キリンラガー）
1合600円～
グラス900円～
300円
惣菜各種580円、串カツ（2本）580円、どて煮800円、まぐろ刺身1200円、海老の南インド風カレー1400円

皮をパリッと焼いた豚足をマスタードで。白ワインやピノノワールの軽い赤、焼酎にも合う

フォトコラム

みんなの笑顔

いい酒場にはいい笑顔がある。
よき酒友と卓を囲んで語らい、笑い、
うまい酒の肴をつまめばいつしか仲間の輪も広がる。
酒がつないでくれる友ともう一杯！

呑み

出かけた先で、その街の好感度を決定づけるのは
いい酒場に出会えるか否かに懸かっている
なんて言ったら言い過ぎだろうか？
だが、雰囲気がよくてうまい酒場を見つけられたら
それだけでその旅はいい旅になるし、
出張先だったとしてもその一杯は祝杯になるだろう。
そして、何よりまたその町へ出かける理由ができる。
あの町にもこの町にも、わざわざ行きたいい酒場がある。

第九章 出張

日の出寿し食堂

110余年の歴史がもたらす 何でもありの懐の深さ

手前はテーブルと丸イス、奥は畳み敷きの小上がり。2階は団体向けの座敷。おひとり様からグループまでが違和感なく混在する

ひと目で年季が入っていると分かる店構えに分厚い天板のテーブル、セルフサービスの惣菜。名古屋の名店、大甚本店にも通じるものがある…と思ったら、創業は明治39年でこちらの方が何と1年古いのだとか(ただし記録がなく正確には分からないそう)。

店名に「寿し」とあるのに寿司を出すのは年に一度、七夕まつりの時だけ。「食堂」とうたってはいるが、夜は飲み客が多くを占める。

「最初は八百屋みたいな感じで何でも売っとって、そのうちどぶろくを売ったらみんなが並んでまで買いに来るようになった。ラーメンの出前もやっとったことがある。まぁ、何でも屋だね」と戦前生まれの3代目、服部茂夫さん。食べ物なら何でも。それが伝わりやすいキーワードが「寿し」であり「食堂」だったということなのだろう。

ひのでずししょくどう

明治39年頃創業／map …P187

愛知県一宮市本町3-4-1

TEL 0586・24・5047

36席（テーブル2卓・小上がり5卓・座数最大14名）

OPEN 10：30〜14：00、15：30〜20:30

水休

JR 一宮駅、名鉄尾張一宮駅より徒歩3分

大瓶650円（キリンクラシックラガー）

1合270円（白鹿）

無

串かつ100円、ねぎま（2本〜）130円、どて煮350円、惣菜200円〜、刺身盛り合わせ1100円、玉子丼450円、チキンライス540円、どて丼590円、とんかつ580円

左：終戦直後の店舗の様子。右のちびっ子が3代目の茂夫さん
右：ショウケースには丼やトンカツなどのサンプルが並び、びっしり貼られた短冊には酒の肴も焼きそばも一緒くたに並ぶ。まさに何でもあり

ねぎま1本130円（注文は2本から）、煮物などの惣菜はショウケースから自分で取ってくるセルフサービス

3代目の服部茂夫さん・孝子さん夫妻と4代目の達弥さん

がっつり系の食事メニューも。かつ丼650円はタレの甘辛さと卵のとろとろ感が絶妙

店頭のショウケースとメニュー

お客も慣れたもの。部活帰りっぽい学生が定食をかき込んでいたり、家族連れがにぎやかに談笑していたり、おひとり中年がおばんざいを肴にお座敷でお銚子を空けていたり。一世紀以上もの間、地元の人の食のシーンに何でも応えてきた証が、この雑多なにぎわいなのだ。

4代目の達弥さんは外食大手に長年勤めた後に家業を継承。表から分かる変化はハイボールの導入くらいだが、実は経営のノウハウを取り入れて無駄のないメニュー作りなどを実践しているという。

「それでもこの雰囲気は変えちゃいけない。店に入るようになってあらためて実感しています」と達弥さん。先達らへのリスペクトが積み重ねられているからこそ、100年食堂の重みも気安さも守られているのだろう。

第九章

出張呑み

泉屋

80年にわたり地元で愛されるアットホームなザ・大衆居酒屋

カウンター、テーブル、座敷と幅広い利用法に対応するのも地元っ子御用達の大衆居酒屋らしい

「これ以上混んで、わしらが入れんくなったら困るんだわ」

取材時に居合わせた常連さんに釘を刺された。憩いの場を教えたくない、というよりも、自分よりも若い店主らを気づかっているかのよう。親戚のおじさんのような関係性が、心配性な物言いにつながっているように感じられた。

厨房の真ん中に立つ木全正継さんは3代目。父・克敏さんも元気いっぱいで焼き場に立つ。女性陣は3代にわたって接客を担当。家族経営の温かさは、地元の人たちにこよなく愛され、なおかつ一見でもアウェー感なくとけ込める。

店は戦前の大衆食堂が始まり。戦後間もなく割烹料理店として再スタートし、昭和30年代には克敏さんが焼き鳥店を併設。正継さんが20歳で店に立つようになった昭和63年、割烹と焼き鳥をひとつにして現在の

いずみや

昭和14年創業／map …P187
愛知県春日井市上条町1-89
TEL 0568・81・2809

48席（カウンター12・テーブル3卓・個室2室）
OPEN 16:30〜21:00
日水休
JR春日井駅より徒歩4分

大瓶655円（キリンラガー、アサヒスーパードライ、サッポロ黒ラベル）
655円（アサヒスーパードライ）
1合319円（沢の鶴）
無
とんやき91円、つくね128円、串カツ（味噌・ソース）137円、ポテトサラダ337円、うなぎ小串728円、皮ギョーザ328円

左：3代目の正継さん、潤子さん夫妻。その娘さんも接客を担当する
右：名物のうなぎの小串728円。うな丼もある

とんやきなど串焼きは1本から注文できる。タレはやや甘口だがしつこくなく何本でも食べられる

ポテトサラダ、出し巻き玉子など手づくりの惣菜も充実

昭和11年生まれの2代目、木全克敏さんはにこにこしたえびす顔とハチマキがトレードマーク。扇風機で風を送る焼き方は、試行錯誤した上での自己流だ

大衆居酒屋となった。

名物のうなぎの小串は割烹で人気があったうなぎ料理を居酒屋向けにアレンジしたもの。多彩な揚げ物は正継さんが充実させたラインナップ。歴史を受け継ぎながら、時代に合わせた変化も取り入れている。

「初めてのお客さんにも〝よかった〟と思ってもらえる店でありたい。これは親父から一番教わったことですね」という正継さん。オープンな姿勢が伝わってか、最近は近隣のホテルに泊まる出張族や、女性の1人客も珍しくないという。こんなゆるぎない懐の深さがあるのだから、多少一見が増えたところで、なじみの客が居心地の悪さを感じるなどあり得ない。冒頭の常連さんの心配も杞憂に終わるに違いない。

定番酒は創業300年の灘・沢の鶴

第九章 出張呑み

つか本

創業60年を前に新装開店
後継者がつなぐ老舗の未来

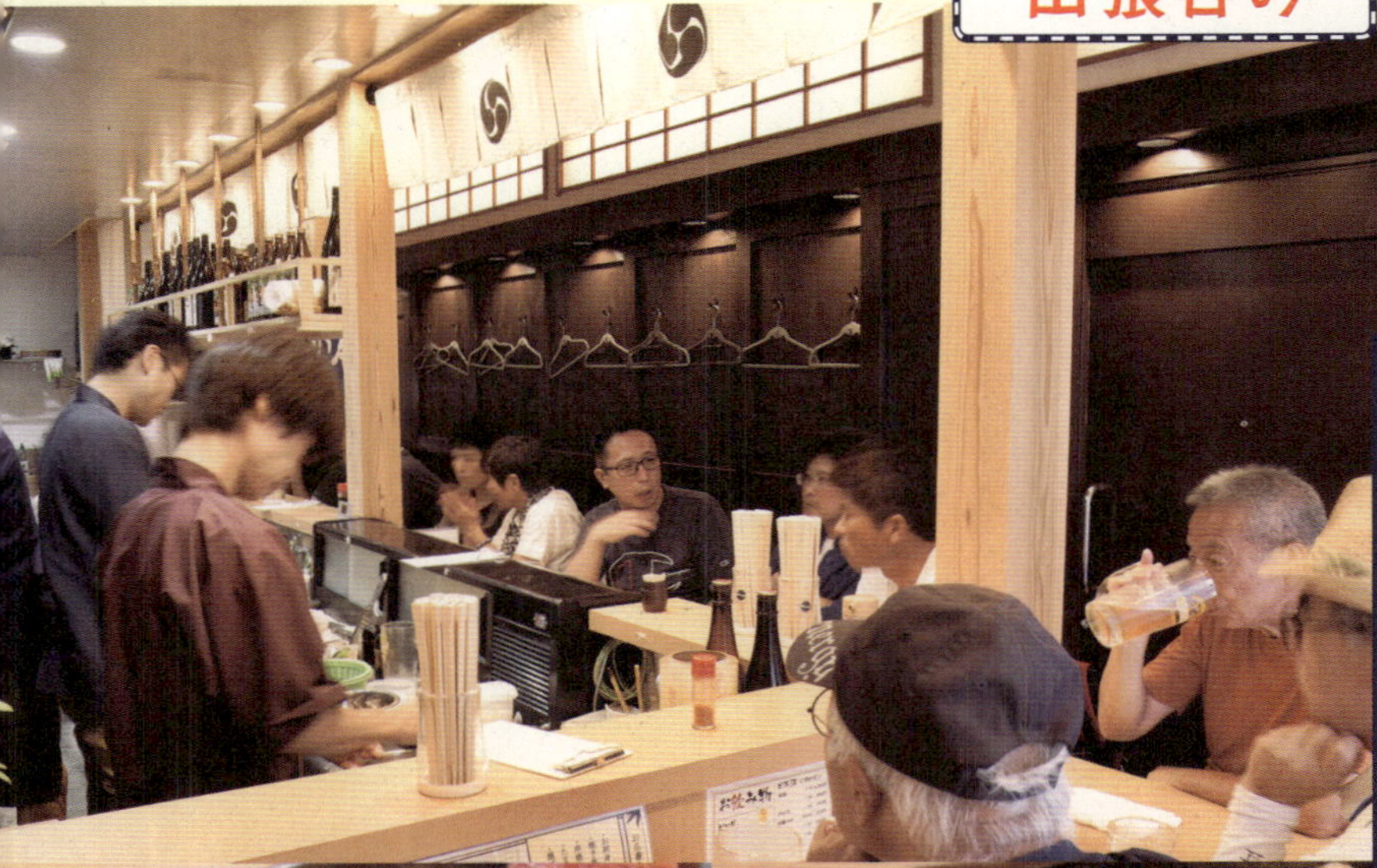

平成30年12月に1年近い休業期間を経て新装開店した。のれんが出る前からオープンを待ちわびて店の前に並ぶ客も少なくない。左からまぐろの刺身、名物のジャンボネギま

令和元年の創業60周年は、前年に完成したばかりの真新しい店舗で迎えた。往年の趣を伝えるのはカウンターの瓦庇と通路に掲げられたのれんくらい。しかし、席の大半は地元の常連で埋まり、そのせいか満員御礼でも不思議と雰囲気に落ち着きがある。店の構えは変わっても切り盛りする家族3人の顔ぶれは変わらないままで、それがなじみの客に安心感をもたらしているからだろう。

初代はもともとガラ紡（日本独自の紡績機で三河地方で盛んだった）業者だったが、先をみすえて鞍替え。現在は3、4代目の塚本尚武さん、好子さんと息子の哲朗さんが店に立つ。長く親しまれてきた旧店舗を取り壊して新装開店したのは、後継者の存在があればこそだった。

「20代半ばまでは別の仕事をしていて店を継ごうとは考えていませんでした。でも両親もこの先歳を取るし、

つかもと

昭和34年創業／map …P187

愛知県岡崎市明大寺本町4-1

TEL 0564・23・3256

27席（カウンター13・テーブル4卓）

OPEN 16:50〜23:00

日・第3月休

名鉄東岡崎駅より徒歩2分

大瓶610円（キリンラガー、キリンクラシックラガー）

490円（キリン一番搾り）

1合340円（孝の司）

無

刺身560円〜、ネギま320円、ポテトサラダ390円、たまご焼き340円、揚げ物290円〜

※価格はすべて税込

左：日本酒はすべて地元岡崎の柴田酒造の「孝の司」
右：塚本尚武さん、哲朗さん、好子さんの家族で切り盛りする

のれんは旧店舗で使っていたもののスペアが手つかずで残っていたそう。ただし新店舗の入口にはサイズが合わず、通路に掲げてある

カウンターは旧店舗より席間に少し余裕を設けた。瓦は旧店舗で使っていたもの

店がなくなってしまうのはもったいない、という気持ちが次第に強くなりました」という哲朗さん。名古屋の和食店で修業を積むなどし、30歳を前にして家業に就いた。鮮魚を充実させるなどメニューを増やしたのも哲朗さんが店に入ってから。旧来の安定感を崩すことなく、でも少しずつ進化させているのは、老舗の座に安住せずに店を発展させていこうとする4代目の気概の現れといえる。

「建て替えで1年近く休んでいたのに、再会したら昔からのお客さんはみんな戻ってきてくれて。入りやすくなったおかげか新しいお客さんも増えて、ずっと家族だけで回していたのに最近初めてバイトさんを雇うようになったんですよ」と笑う好子さんの表情からも、にぎわいがもたらす充実感が読み取れる。老舗に積み重ねられた歳月は、この先もまだまだ途絶えることはなさそうだ。

立呑あさひ

豊橋のはしご酒はここから
老舗酒屋がルーツの飲み処

斉藤久代さん(左)、貴江さんらによる家族経営

奥へと細長い店内。明るいうちから酔客が思い思いにグラスを傾ける

駅前の大通りにありながら、シャッターが半分閉まっていて穴場感を醸し出す。カウンターの上の屋台風のひさしの下には提灯が下がり、このレトロなムードだけでほろ酔い気分になれる。

昭和の初めに酒屋として創業し、店内で飲めるようにしたのは戦後間もなく。平成が終わりに差しかかった頃に立ち飲み屋一本になった。もともと酒屋だけあって、冬は日本酒の初しぼりなど希少価値のある銘柄も。「黒半」「赤半」「白半」の見慣れないメニューは黒ビール、トマトジュース、レモンサワーの焼酎割でこの大胆な混ぜっぷりにも昭和の酒飲みの豪放さが表現されている。つまみは乾き物から手作りの惣菜など概ね３００円台とお値打ちだ。駅前に飲み屋街が広がる豊橋だが、まずはここからスタートするのもオツなものだ。

たちのみあさひ

昭和2年創業／map …P187
愛知県豊橋市駅前大通1-33
TEL 無

30席(カウンター30)
OPEN 15:00〜20:00
(土は12:00〜19:00)
日祝休
JR豊橋駅より徒歩2分

中瓶470円
440円(サッポロ黒ラベル)
1合370円(多聞上撰)
220円(甲類)
グラス300円
無
さしみ450円、牛すじの煮込350円、もつ煮350円、いわし玉330円

上：まぐろ山かけ450円
下：ポテトサラダ330円

ちどり

日本一短い地下街に酔客があふれる母娘酒場

カウンター席のみの小さな店がなじみの客であふれ返る

〝日本一短い地下街〟は全長わずか20メートル。飲食店5軒が並ぶ中、昭和42年の開通当初から営業するのが「ちどり」。

「もとは地上でやってたのよ。区画整理で立ち退きになった店がここに移ったの」と2代目の斉藤節子さん。半世紀以上店に立ち、だみ声が貫録たっぷりだ。

価格は激安。焼き鳥1本100円！他の惣菜もほとんど400円均一。まさしく、せんべろだ。

節子さん1人の早い時間帯は常連いわく「まだ第1部」。夜7頃に次女の照恵さん、9時過ぎに三女の与子さんがやって来ると第2部の幕開け。見計らったようにどんどんなじみの顔がやって来て、時に通路までお客があふれ返る。一見はいきなり第2部は圧倒されそう。1部でなじんでから2部の熱気を楽しみたい。

穴倉感のある地下街

ちどり

昭和25年創業／map …P187
愛知県蒲郡市元町7-1 駅前地下街
TEL 0533・69・9884

8席（カウンター8）
OPEN 17:00〜23:00
日休
JR蒲郡駅より徒歩1分

大瓶600円（キリンラガー）
1合400円（ねのひ）
無
やきとり1本100円、湯豆腐400円、卵焼き400円、干物400円、おでん（冬のみ）1個100円、天ぷら（要予約）800円

〝せっちゃん〟こと斉藤節子さん（中央）を次女・照恵さん（左）、三女・与子（ともこ）さんが盛り立てる家族経営の温かさが最大の魅力

水谷

老いも若きも和気あいあい 岐阜きっての老舗大衆酒場

JR岐阜駅から北へ向かう玉宮町、長住町界隈は急速に飲み屋街化が進む。その中でも昼3時から(土曜は昼1時～)開いているここは貴重な存在

「ここはいい飲み方する客ばっかなんだわ。たくさん飲む客には女将が『3杯までね』と決めてそれ以上お替りを出さんしな」と40年来通っているという地元の古老。店主とお客のなれ合いではない信頼関係は、よき酒場の条件だ。

戦後間もなくの屋台が発祥。その後、岐阜駅前は繊維業の集積地となり、近隣に飲み屋はここくらいしかなかったそう。それが10年ほど前から飲食店が増え始め、今では東海地方でも有数の飲み屋街に。競合店がひしめき合う中でも、界隈きっての老舗は、古くからの常連も新規の若い世代をも迎え入れ、連日まだ明るいうちからにぎわいが絶えない。

名物は〝どて煮〟と称する味噌おでん、とんやきをはじめとする串焼き、串カツ。どての味噌はさらっとしていて優しい味わい。串物はどれも大ぶりでボリューム十分。面白いの

みずたに

昭和21年創業／map …P187
岐阜県岐阜市長住町4-2
TEL 058･264･9368

30席（カウンター11･テーブル2卓）
OPEN 15：00～21：00（土は13：00～17：00 ※売り切れ次第終了）
日祝休、水不定休
JR･名鉄岐阜駅より徒歩5分

大瓶620円（キリンラガー）
1合320円（奥飛騨）
無
とん焼130円、ねぎま焼き130円、きも焼130円、どて煮130円、串カツ130円、いか焼き130円、焼ぶた220円

左：店は10年ほど前に改装し新しくなったが、屋台が出自の店らしい庶民的な雰囲気は十分に味わえる
右：豚ホルモンの串焼き、とん焼きにねぎま焼きなど串物はすべて130円

分厚い衣に味噌をたっぷり吸わせる味噌串カツ

味噌おでんをここでは「どて煮」と呼ぶ。関東煮のおでんもある

焼き場を預かる3代目の洋子さん

は味噌串カツで、どての鍋に突っ込むまでは他と同じだが、衣全体にしみるまで10分近くつけたままにしておく。十分に味噌を吸ってふにゃっとした衣が適度に甘辛で、これには日本酒を合わせたくなる。

「おじいちゃんとおばあちゃんが始めた頃から、味は何にも変えてないのよ」と2代目の水谷信子さん。現在は3代目の悟さん、洋子さんとともにおだやかな笑顔でお客をもてなす。

楕円形のテーブルを囲めば居合わせた人たちとすぐに仲良くなれるし、焼き場の前の小さなカウンターに陣取るのも、歩道にせり出した小さなテーブルで道飲みするのもいい。グループなら予約して2、3階を貸し切るのもあり。岐阜を代表する名酒場は、間口は狭いが懐は深いのだ。

第九章

出張呑み

大衆酒場ゑびす

酒場激戦区の勝ち組 お値打ち魚介の秘密とは？

平成24年に隣の「ゑびす本店」を開業し、3年後にこの「大衆酒場ゑびす」をオープン。通路でつながっていて同じメニューを食べられる

歩いて1分の場所にある「スタンドゑびす」は立ち飲みで最大約30人。200円台～とこちらはさらに激安

壁という壁が品書きだらけ。「お薦めしたい！」という圧の強さ（笑）に、こちらも「注文したい！」と応じたくなる。

老舗のような貫録が漂うが実は開業して10年足らず。近年、飲み屋が急増している四日市駅周辺の活況を象徴する新勢力だ。

週末ともなれば開店前から行列ができる人気の理由は、品書きの多くを占める魚介のコスパの高さ。中でも名物・かわはぎの刺身は390円の破格値。激高コスパの理由を「うちの大将、算数ができないんですよ～」と女将さん。その大将こと今野克彦さんはすぐ近くの姉妹店「スタンド ゑびす」で厨房に立ち、こちらの名物・刺身3種盛りはなぜか5種以上が盛られる。お客をえびす顔にするためのこんな計算違いなら、いくらでもしていただきたい！

ゑびすコロッケ1個190円

メニューは約200種。紀伊半島まで買い付けに行く地魚が中心。ゑびす盛り1890円、海老天巻き800円、ほや刺身390円

たいしゅうさかば えびす

平成24年創業／map …P186

三重県四日市市諏訪栄町8-13

TEL 059・324・5881

37席（カウンター12・テーブル8卓）

OPEN 16:00～22:00(LO21:30)

不定休

近鉄四日市駅より徒歩3分

大瓶630円（アサヒスーパードライ）

690円（アサヒ生）

1合390円～

グラス390円

無

本まぐろ赤身690円、かわはぎの刺身390円、海老天巻き800円

ゑびす本店、スタンドゑびす、鮨 ゑびす

立呑

地元率100%(?)
シンプルの極みの立ち飲み店

駅前のアーケード街の一角で、40年以上地元呑んべに愛されてきた

串焼きやどて煮、日替わり惣菜などメニューは居酒屋の王道。300円台が中心でリーズナブル

何とシンプル・イズ・ベストな店名！のれんや提灯にも「立呑」の二文字が。これはもう、立ち飲んでいくしかない！

〝名は体を現す〟で営業内容もシンプル。Lの字のカウンターに常連が肩を並べ、串焼きや家庭的な惣菜を肴に杯を重ねる。店のおばちゃんも会話に加わり、和気あいあいとした雰囲気に包まれる。

看板に「地酒直売所」とあるのは創業者が今でいうPBの酒をつくっていて、ここで直売していたから。同じく看板にある「白梅」「神府」の地酒も含めて今はもうないが、代わりに「宮の幸」などの県産銘酒を飲むことができる。

飛び交う三重弁からも街のリアルな息づかいを感じ取れる。ひるまずなじむことができれば、一人前の〝立ち飲ミスト〟の仲間入りだ。

たちのみ
昭和53年創業／map …P186
三重県四日市市諏訪栄町3-6
TEL 無

10席程（カウンター10）
OPEN 16:00～20:30
日祝休
近鉄四日市駅より徒歩3分

大瓶520円（キリンラガー）
520円（キリンラガー）
1合270円（宮の幸辛口）
無
豚ねぎま（2本）340円、砂肝300円、レバー300円、とり皮300円、小鉢300円、天ぷら150円～、牛すじのどて煮400円

大半が1人、2人客。ママさんやパートのおばちゃんとの会話を楽しみに来る常連も多い

第九章

出張呑み

ぎょうざの美鈴

つくりたての皮が宙を舞う！　優しさに包まれる〝町餃子〟の老舗

コの字のカウンターに囲まれた厨房ではスタッフがせわしくなく動き回る。ライブキッチンの活気も大きな魅力

〝手づくり、つくりたて〟をうたう餃子の店は少なくないが、注文を受けてから皮を伸ばすなんてめったにないのでは？　お客の目の前で今まさに丸く伸ばされた皮が宙を舞い、あんが包まれ、フライパンの上へとリレーされる。

「うちの皮は柔らかいんでつくりおきできないんですよ」と3代目の奥村美佐さん。

コンロは5連で火力をそれぞれ変えてあり、強火から弱火へとフライパンを横へスライドしていく。ひっきりなしに入る注文を手早くこなすためにあみ出された完全手動式のシステムだ。

こうして目の前に出てくる正真正銘のできたて餃子。皮は薄く中はパリふわ、あんは野菜たっぷりであっさりしていて、サイズは大きめなのに口当たりはきわめて軽く、3個、4個とどんどんおなかに収まってい

ぎょうざのみすず

昭和38年創業／map …P187

三重県伊勢市船江1-4-7

TEL 0596･24･5743

19席（カウンター19）

OPEN 17:00～深夜0:00

月休（祝日の場合営業、翌日休）

JR、近鉄伊勢市駅より徒歩15分

中瓶550円（サッポロ黒ラベル）

550円（サッポロ黒ラベル）

1合450円

無

ぎょうざ500円、水ぎょうざ450円、から揚げ800円、おでん120円、おにぎり3個480円、カニクリームコロッケ700円

※価格はすべて税込

左：火力の違う5連のコンロの上で、フライパンをスライドしていく
右：ぎょうざは1人前8個480円。持ち帰りの注文も途切れることなく入る

サイドメニューもそれぞれ名物級に欠かせないほど大人気。から揚げ780円、カニクリームコロッケ680円。炊き立てほかほかをふんわり握るおにぎりも大定番

3代目の奥村美佐さん。〝若女将〟と呼ぶのがぴったりのきっぷのよさと明るさで、餃子を伸ばす手さばきも小気味いい

く。

「味が優しくて消化にもいいので、子どもさんからお年寄りにまでおいしく召し上がっていただけます。私らもみんな毎日食べてるんですよ」と奥村さん。毎日数え切れないほどの数をつくっている人が食べ飽きないのだから、お客が何度でも食べたくなるのは当然。「餃子はここだけ、と決めている」という地元の常連、「伊勢に来たら必ず寄る」という遠来の客が引きも切らず席を埋めていく。

　取材の依頼に対しても『酒場』の本で紹介してもいいか？って。お酒を飲むお客さんも多いですし、いろんな方に利用いただいているということですから、うちとしてはありがたい限りですよ」と奥村さん。厨房のスタッフ誰もがこんな大らかさで出迎えてくれるのも〝町餃子〟として愛され続けている所以だろう。

一月家

地元っ子も参拝客も分けへだてない 貫禄のおもてなし酒場

存在感あるカウンターが特等席。大勢の時にはテーブル席や小上がりで腰をすえて飲むこともできる

「どちらから？好きなとこ座り」「今は何がおいしいかって？お客さんの食べたいもんがおいしいもんや」。

気さくな三重弁でお客に声をかける4代目の森田一也さん。風格ある店構えに昼2時の開店に合わせて常連がカウンターの一角を占めることから、一見にはハードルが高いかも…という不安は陽気な笑顔で一瞬にしてかき消される。それどころか、「脂が乗ったカツオにはからしが合うんよ。松阪や伊勢ではこう食べるんや」「みんなよう注文してくれるんはゆどうふ。うちのはちょっと変わっとるんやわ」とぐいぐいペースに引き込まれ、お薦めの品を注文しては「おいしい！」「そやろ〜」のコール＆レスポンスですっかり店の空気にとけ込める。

創業は大正初期。酒屋の角打ちに始まり、後に料理旅館に。戦後、現在のような大衆居酒屋へと進化した

いちげつや

大正3年創業／map …P187
三重県伊勢市曽祢2-4-4
TEL 0596･24･3446

70席（カウンター17・テーブル2卓・小上がり3卓）
OPEN 14:00〜22:00
水休
JR･近鉄伊勢市駅より徒歩12分

大瓶600円（キリンクラシックラガー、アサヒスーパードライ）
400円（サッポロ黒ラベル）
1合300円〜（初日、白鷹、鉾杉）
無
ゆどうふ350円、焼き揚げ300円、刺身800円〜

左：名物の緑茶ハイ。緑茶も焼酎もしっかり濃い目
右：地元の漁港で揚がる魚介は新鮮かつお値打ち

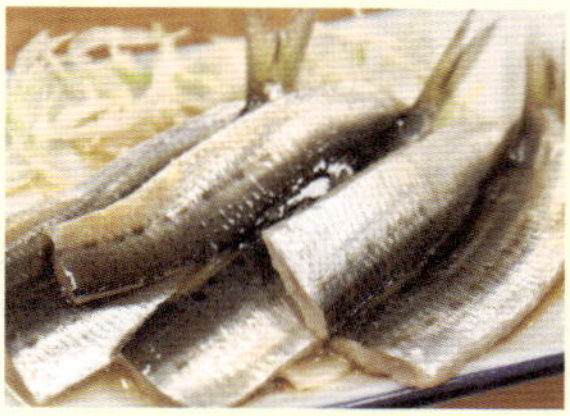

イワシの甘酢漬。脂が乗ってさっぱりした甘酢がぴったり合う

定番のゆどうふ

４代目の森田一也さん。「ここは親父とおふくろの店。わしはただの手伝いや」と笑いながら、お客にも気さくに声をかける。取材時はお休みだったが、３代目の進さん、鄧子さんも元気に店に立つ

のだそう。伊勢神宮の外宮にほど近い宮町で、店名もお伊勢さんにあやかったもの。「このへんは初詣のおかげで1月が一番にぎわう。年中そうあってほしいとこの名前にした、って聞いとるよ」。

地元の人も旅の人も分けへだてないのは、神宮のおひざ元で古くから参拝客をもてなしてきたからだろう。そう考えると、居酒屋なのに真っ昼間から開けているのもむしろ必然なのだと気づく。

筆者が訪れた際には、岐阜と奈良からの女性おひとり様、名古屋と東京からのカップルがカウンターで居心地よさそうに過ごしていた。「こっちが目的でお伊勢参りはついで」なんてバチ当たりな（笑）発言も。何にせよ神宮を参拝する動機にすらなるのだから、お客に笑顔＝福がもたらされるのも当然なのだ。

フォトコラム

ひとり飲み

いい酒場には必ず1人でも充実した表情のおひとり様の姿がある。

いつかは自分もこんな風に、と思わせてくれる呑んべライフの先達だ。

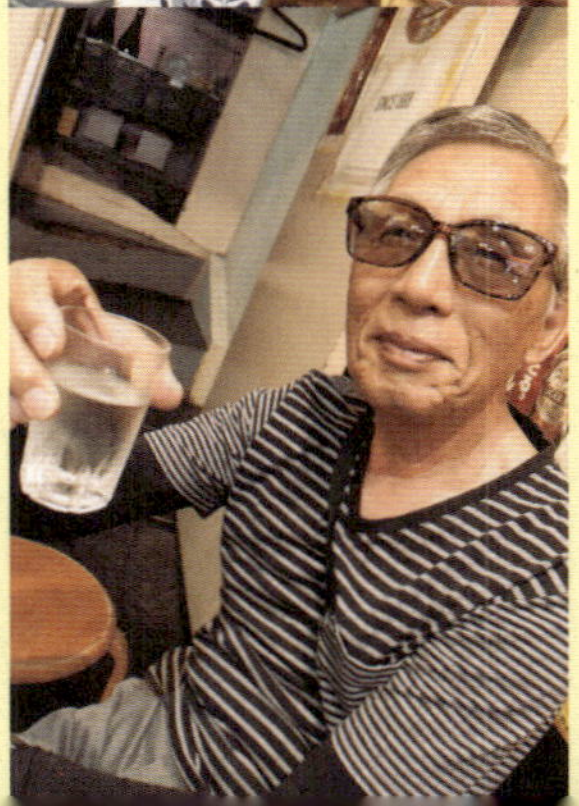

名古屋の酒場マップ

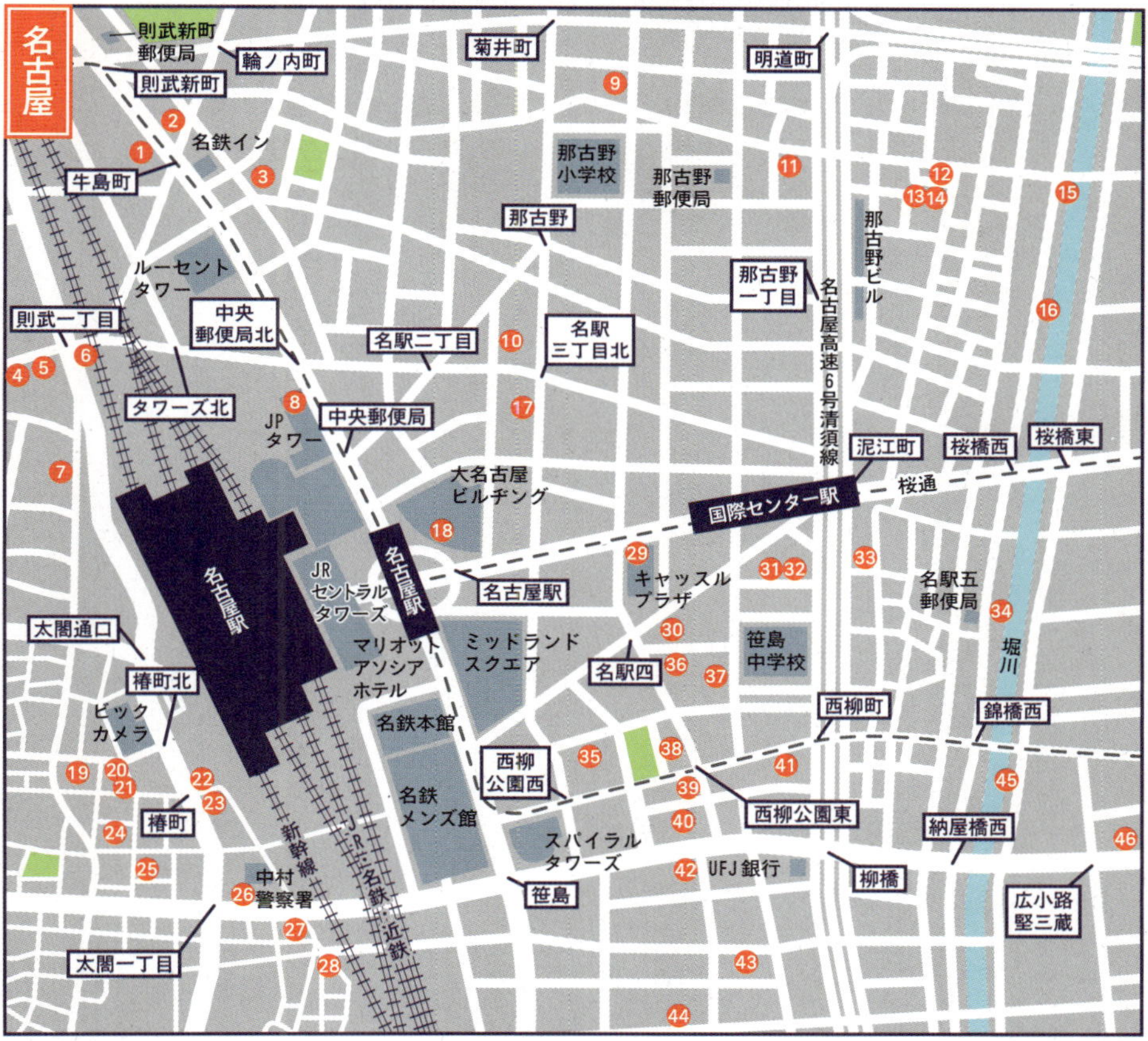

1. 風来坊 名駅牛島店
2. のんき屋
3. 鉄板台所 かちゃぐり屋
4. 世界の山ちゃん 駅西3号店
5. 世界の山ちゃん 駅西4号店
6. 世界の山ちゃん 名駅西口店
7. 世界の山ちゃん 則武店
8. 純米酒専門 YATA 名古屋 KITTE 店
9. お酒の神様
10. 鉄板台所 かちゃぐり屋とっとき
11. とんやき 上野屋本店
12. BAR DUFI
13. 石窯屋台食堂 VICOLO
14. ベトナム屋台食堂 サイゴン2
15. どて焼 五條
16. SAKE BAR 圓谷
17. トラットリア ディアーナ
18. 炭火やきとり レアル grande
19. 風来坊 名駅新幹線口店
20. 立呑み 焼きとん 大黒 名駅西口店
21. 立呑み 魚椿 本店
22. 風来坊 エスカ店
23. 珍串
24. 風来坊 名古屋駅西椿店
25. 和み酒 鬼灯
26. 焼きとん 大黒 太閤通店
27. 世界の山ちゃん 名駅太閤店
28. 世界の山ちゃん 太閤はなれ
29. きんぼし 名駅キャッスルプラザ店
30. 世界の山ちゃん 名古屋駅東店
31. Y.MARKET BREWING KITCHEN
32. 柳橋 TERRACE
33. すわりのおお島
34. 風来坊 名駅5丁目店
35. 風来坊 名駅センチュリー豊田ビル店
36. 鉄板ビストロ 小島
37. 天ぷらとワイン 小島
38. 醸しメシ かもし酒 糀や
39. 立呑み 魚椿 柳橋店
40. 世界の山ちゃん 笹島店
41. 名駅立呑 おお島
42. 立呑み 焼きとん 大黒 笹島店
43. 風来坊 名駅南店
44. Buttagappa ブタガッパ
45. 日向どてかぼちゃ
46. 世界の山ちゃん 納屋橋店

伏見・丸の内

1. 世界の山ちゃん 本丸店
2. 純米酒専門YATA 伏見店
3. 世界の山ちゃん 長者町店
4. 天ぷらとワイン 小島 ２号店
5. 風来坊 伏見店
6. 酒津屋 伏見店
7. 伏見立呑 おお島
8. 長者町立呑 やいちゃん
9. 大甚 本店
10. 英吉利西屋
11. 風来坊 伏見駅店
12. きんぼし 伏見店
13. 島正
14. 天ぷらとワイン 小島 伏見南３号店
15. 世界の山ちゃん 伏見店
16. シガークラブ KANOU
17. 伏見バル
18. 一位
19. 純米酒専門YATA 名古屋御園座店FC店

金山

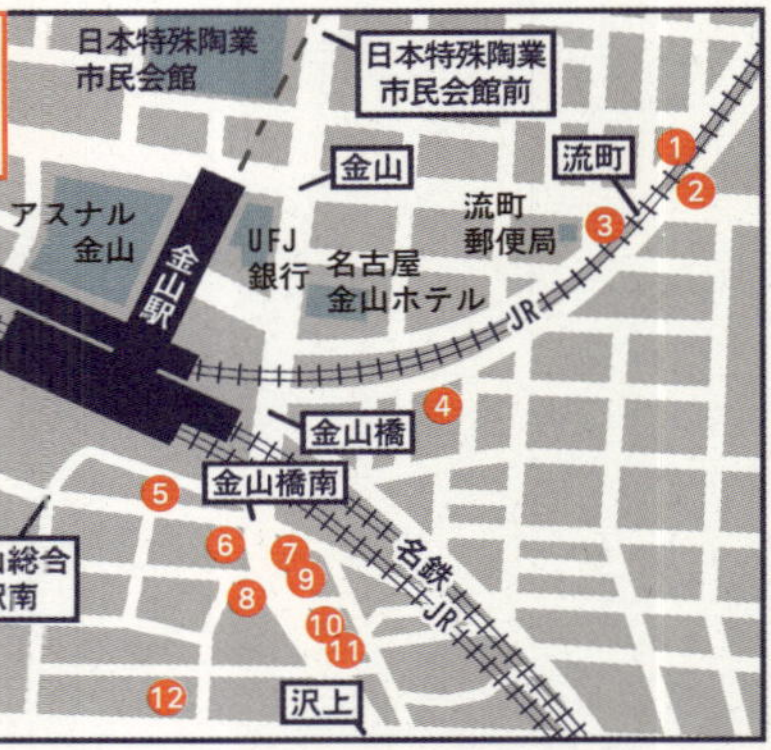

1. 世界の山ちゃん 金山総本店
2. おとくや
3. 世界の山ちゃん 金山中央店
4. 大安
5. 立呑み 焼きとん 大黒 金山南口店
6. 立呑み 焼きとん 大黒 金山店
7. サアズディオフ
8. 世界の山ちゃん 金山西店
9. 世界の山ちゃん 金山店
10. てり串 金山店
11. 世界の山ちゃん 金山南店
12. 世界の山ちゃん 金山沢上店

高岳・新栄

1. BUTATAMAマジュール
2. 風来坊 東桜店
3. BIERHAUS Pilsen
4. きんぼし 新栄店
5. 路地裏 Bar UmenoOku.
6. 大賛成
7. french diner eau
8. お燗とvinめし くいぜ
9. 世界の山ちゃん 葵店
10. フランス惣菜と串カツ marbrade

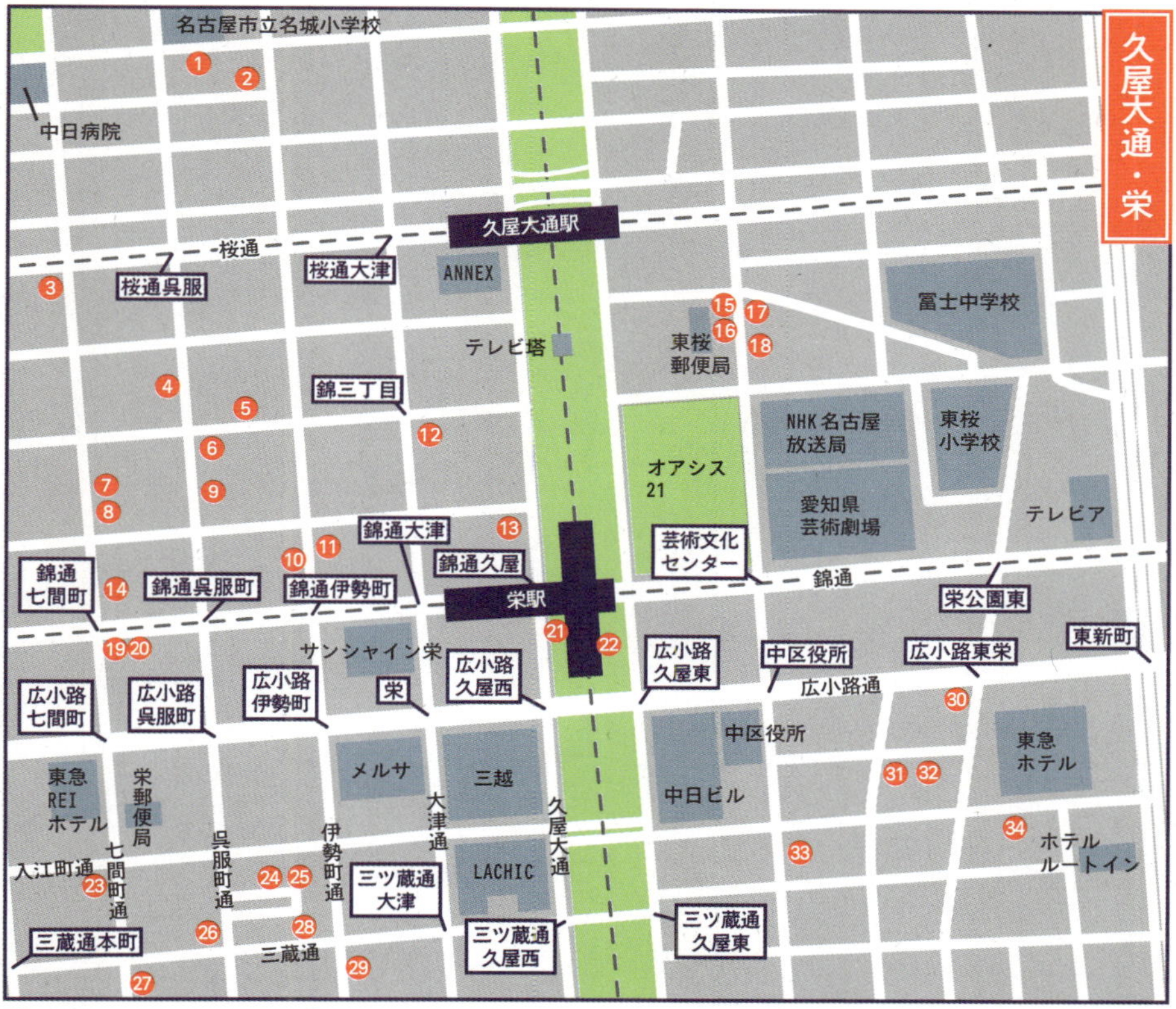

1 BEER BOUTIQUE KIYA
2 みち藤
3 世界の山ちゃん 錦店
4 世界の山ちゃん 錦中店
5 立呑み 焼きとん 大黒 錦店
6 風来坊 錦呉服通店
7 モモガッパ
8 風来坊 錦七間町通店
9 ラ・ルーナ・アッズッラ
10 風来坊 錦店
11 瀬戸
12 世界の山ちゃん 錦三大津店
13 カモシヤ
14 鳥勢
15 CRAFTBEER KEG NAGOYA
16 jazz inn LOVELY
17 串かつ ラブリー
18 vocal inn ドナリ
19 立呑み 魚椿 錦通店
20 立呑み 焼きとん 大黒 錦通店
21 酒津屋 中店
22 酒津屋 東店
23 立呑み 焼きとん 大黒 住吉店
24 立呑み 魚椿 栄店
25 Stan Dining やまびこ
26 てり串 栄本店
27 日向バンカラ
28 栄立呑 おお島
29 割烹 みどり
30 風来坊 栄店
31 ロックモ
32 純米酒専門 YATA 栄店FC店
33 世界の山ちゃん 女子大店
34 世界の山ちゃん 本店

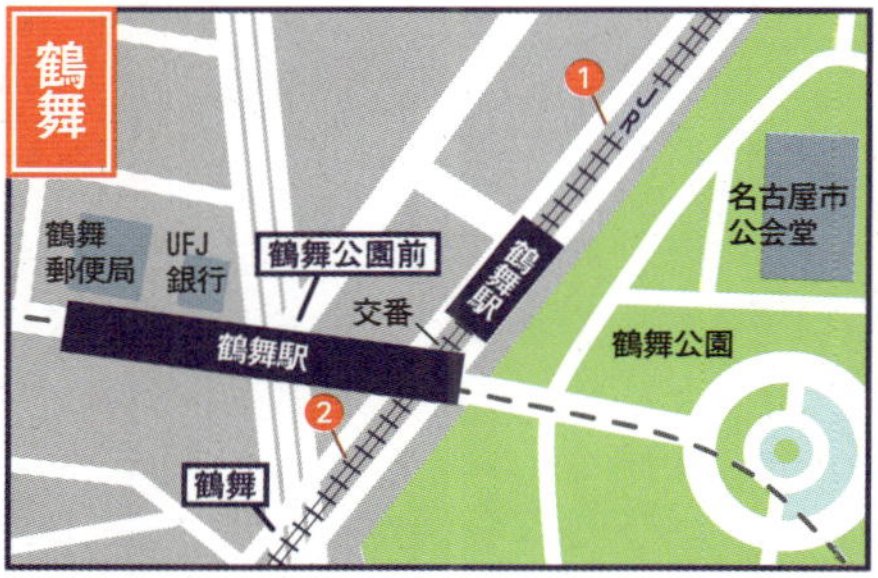

1 世界の山ちゃん 鶴舞店
2 焼きとん 大黒 鶴舞店

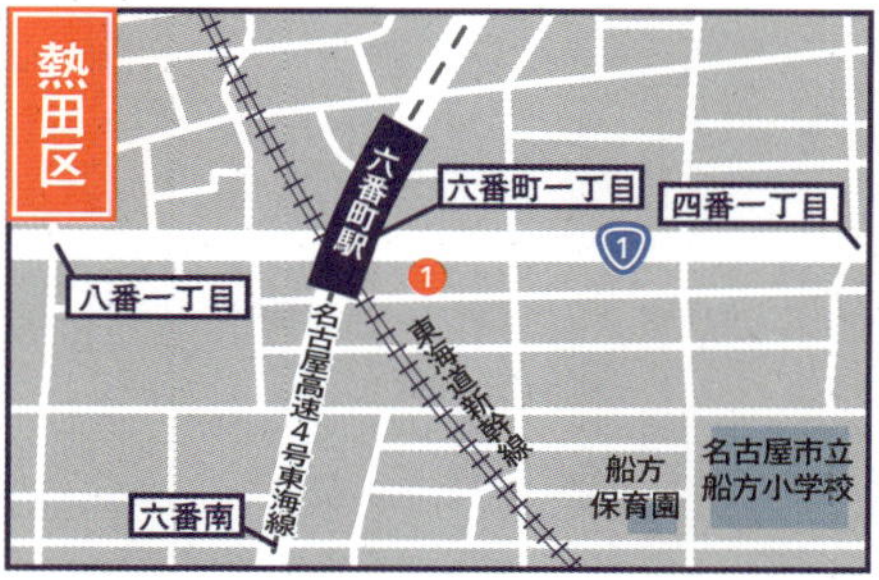

1 風来坊 熱田六番町店

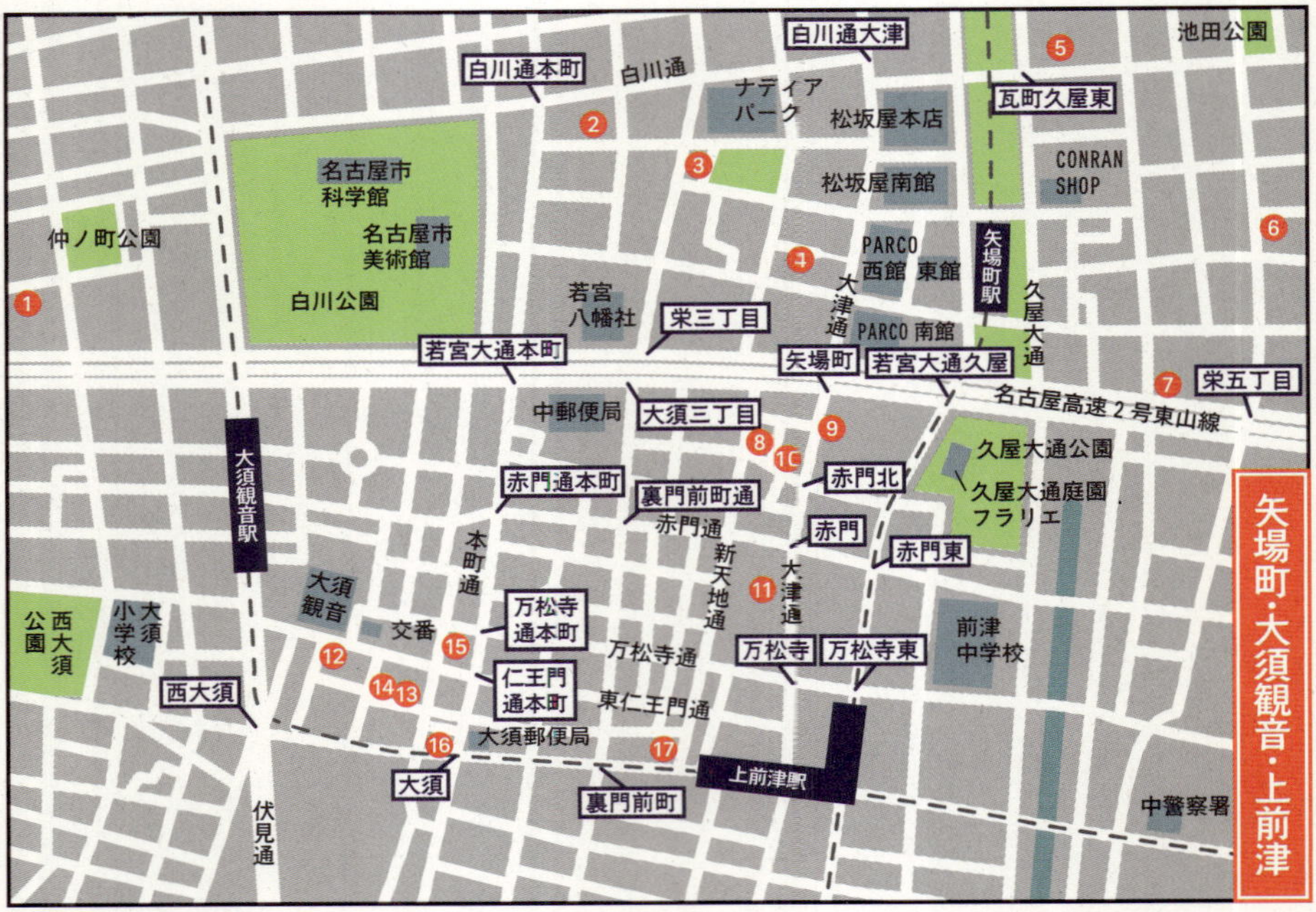

1 居酒屋 山葵
2 リップ ヴァン ウィンクル
3 オステリア・ラ・ルーナ
4 菜月・Tabenasse
5 世界の山ちゃん 栄店
6 木村屋本店
7 ボクモ
8 初鳥
9 エノテカ・ラ・ルネッタ
10 大江戸
11 立呑み 焼きとん大黒 大須店
12 焼きとん大黒 大須観音前店
13 とんちゃんや ふじ
14 とんちゃんや ふじ はなれ
15 佐㐂
16 角屋
17 大須亭

1 佐野屋 2 みのや北村酒店

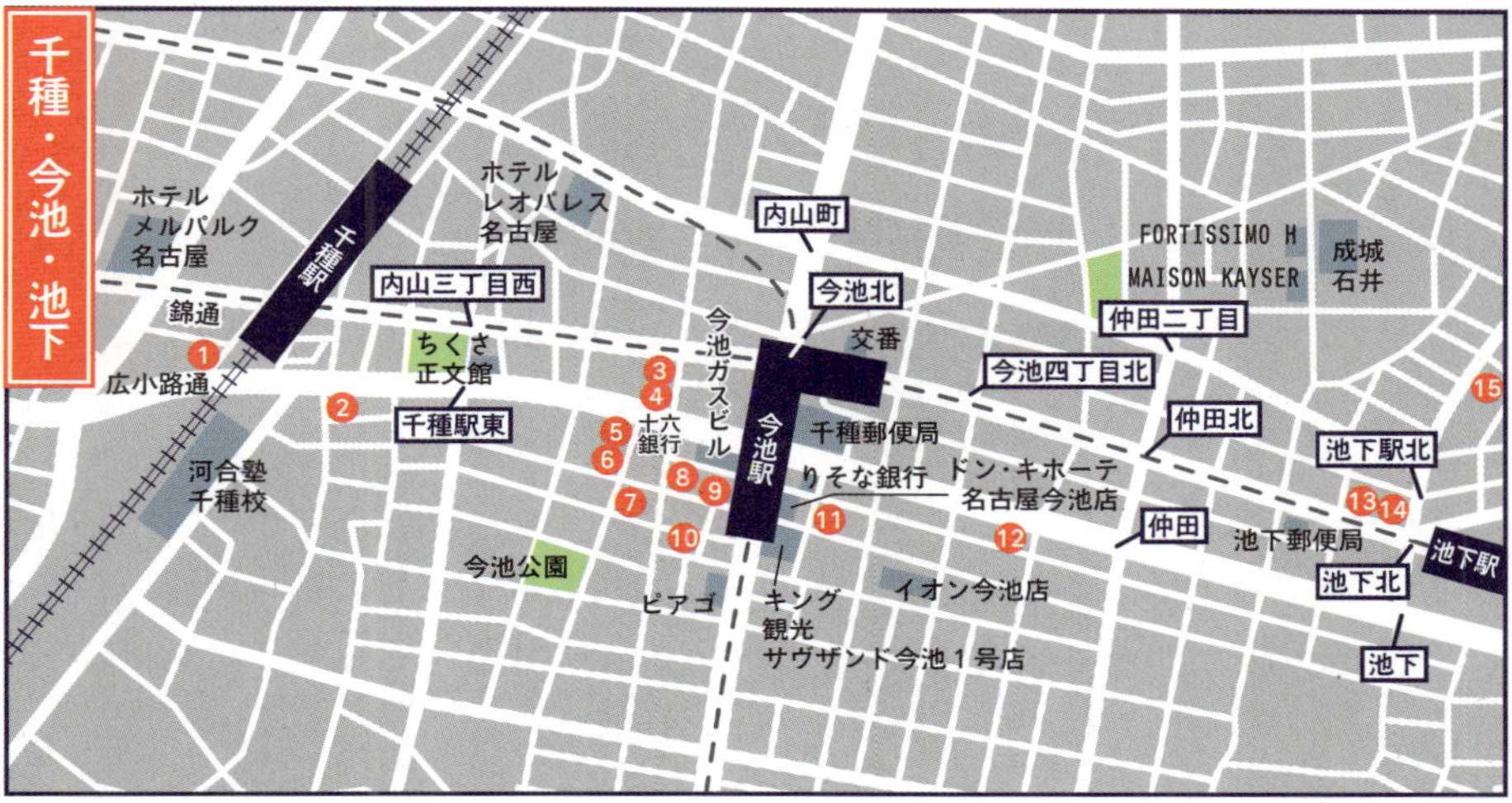

1. 風来坊 千種店
2. 世界の山ちゃん 千種駅前店
3. たか
4. チキンボーイ
5. Tokuzo
6. かっぱの茶の間
7. きも善
8. 安西コーブンドー
9. open house
10. 立呑み立ち喰いすし マグロー
11. うどん 太門
12. きんぼし 今池店
13. 世界の山ちゃん 池下店
14. マンデイオフ
15. 當り屋 本店

1. 風来坊 吹上店

1. 炭火やきとり レアル 星ヶ丘店
2. 風来坊 星ヶ丘店

1 風来坊 藤が丘店
2 炭火やきとり レアル 藤が丘本店

1 風来坊 築地店 2 とん吉 本店

1 風来坊 鳴海店

1 風来坊 篠原店

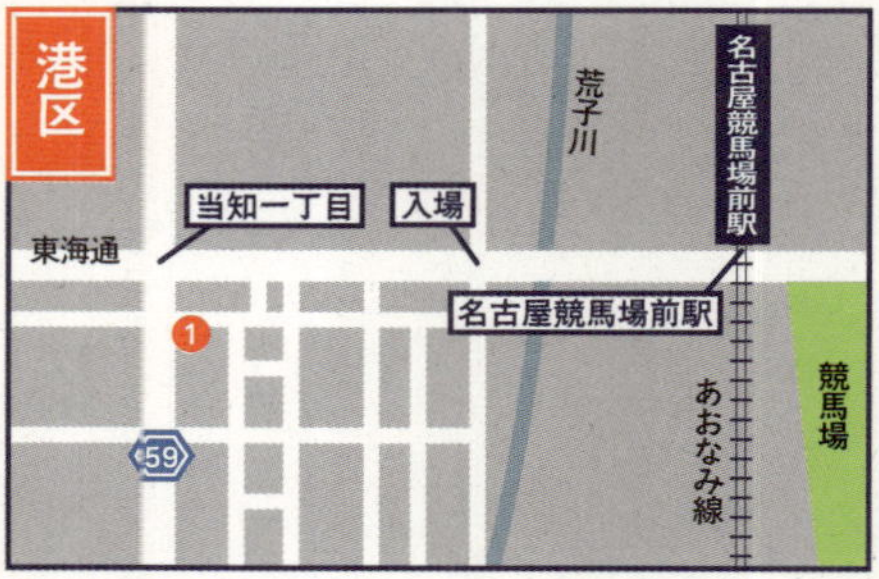

1 風来坊 当知店

1 風来坊 守山店

1 風来坊 浄心店

1 風来坊 大磯店

1 風来坊 徳重店

1 風来坊 上飯田店

1 風来坊 四軒家店

1 風来坊 御器所店

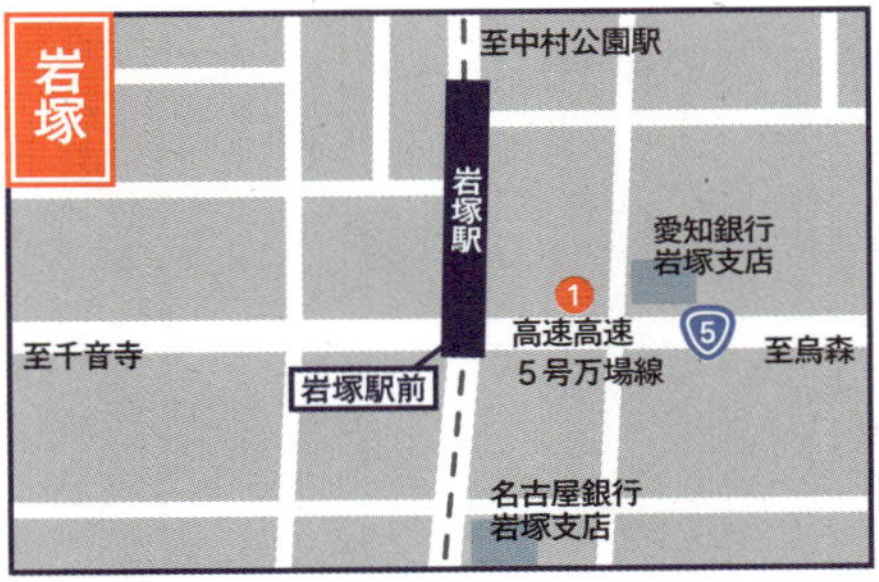

1 風来坊 岩塚店

① どての品川 ② 美奈登

① 風来坊 本山店 ② カフェ レンベーク

① サンデイオフ ② ウェンズデイオフ
③ ザ・ミートルズ

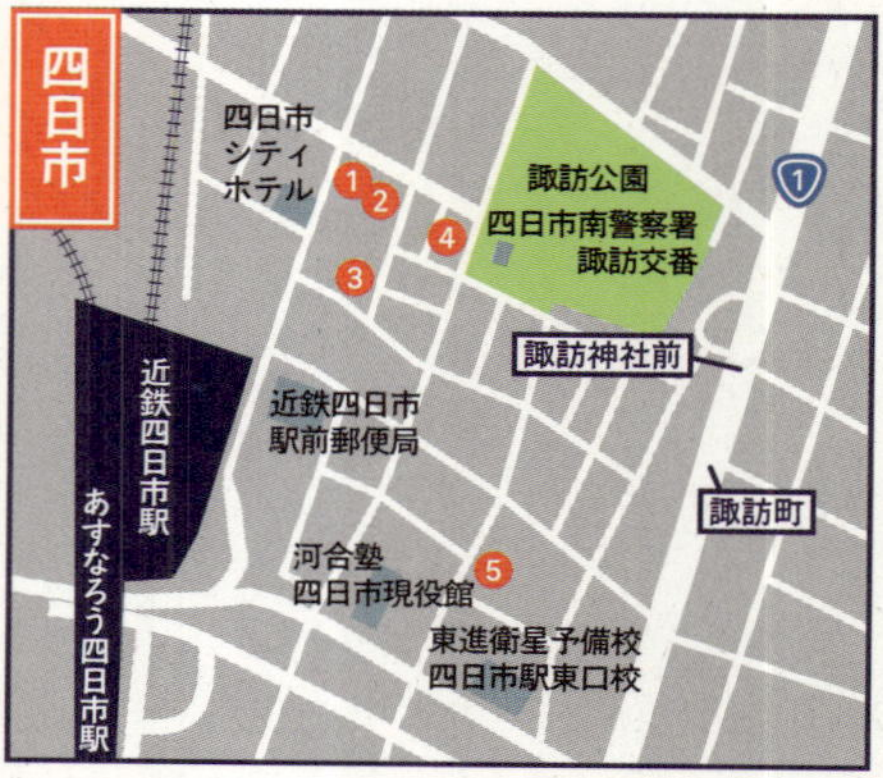

① ゑびす本店 ② 大衆酒場ゑびす ③ 鮨 ゑびす
④ スタンドゑびす ⑤ 立呑

①日の出寿し食堂

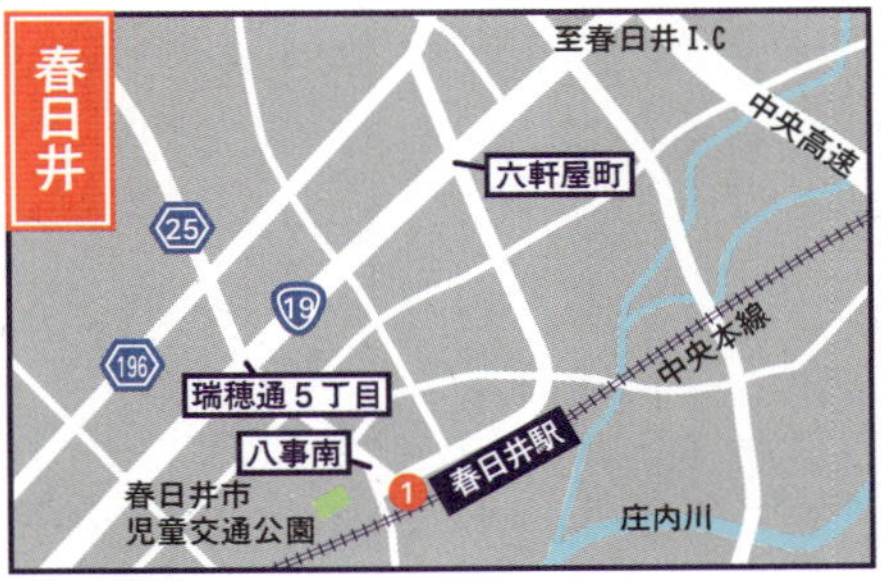

①泉屋

①つか本

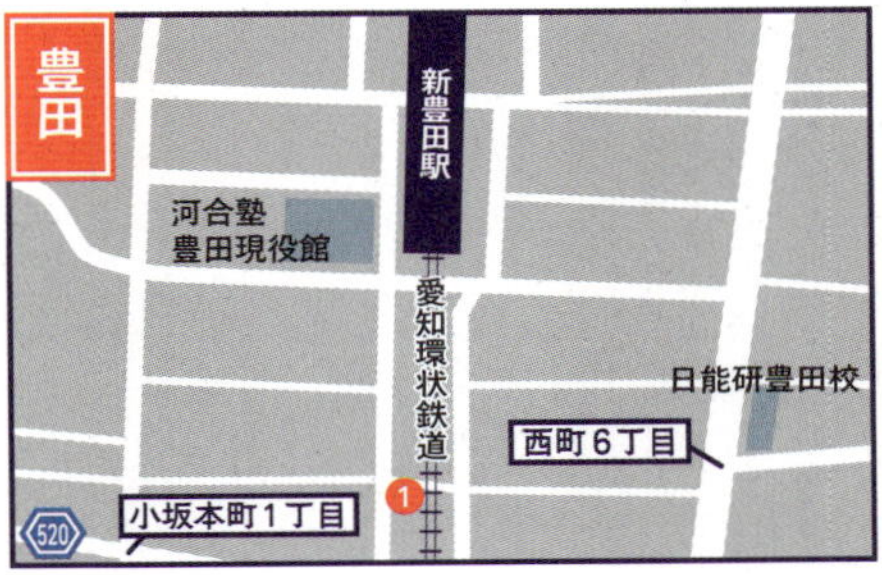

①木村屋豊田店

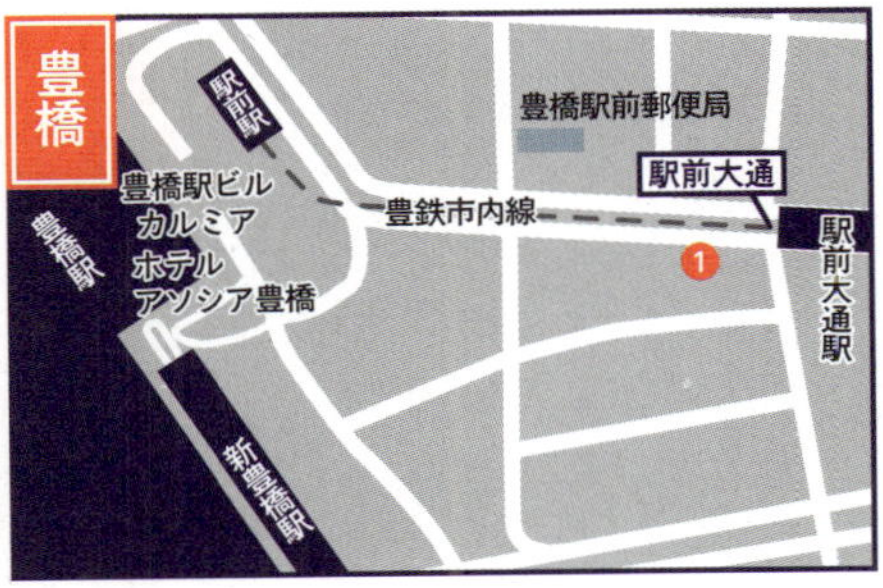

①立呑あさひ

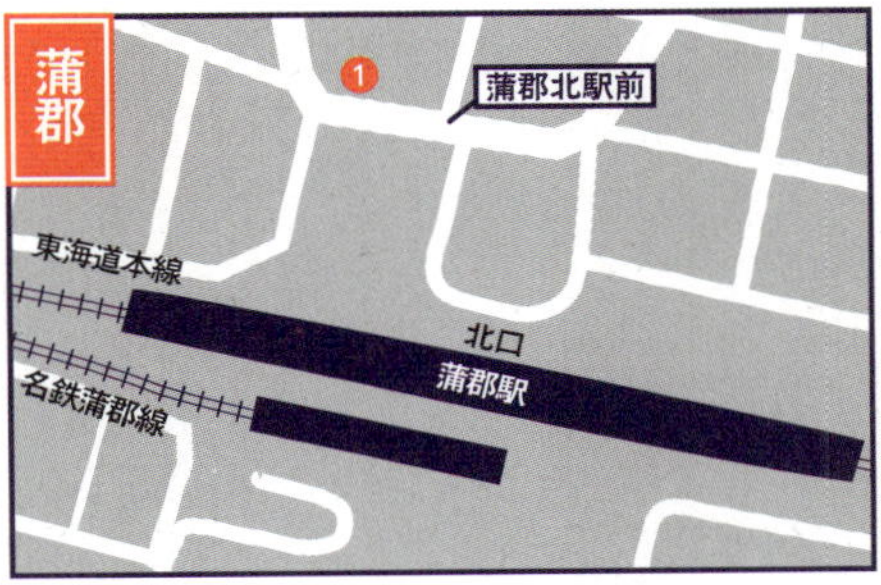

①ちどり

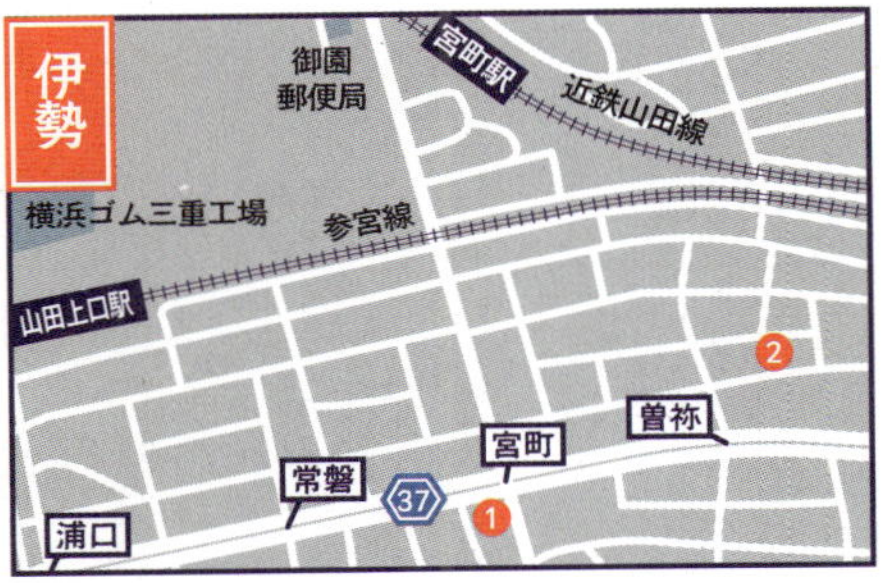

①ぎょうざの美鈴 ②一月家

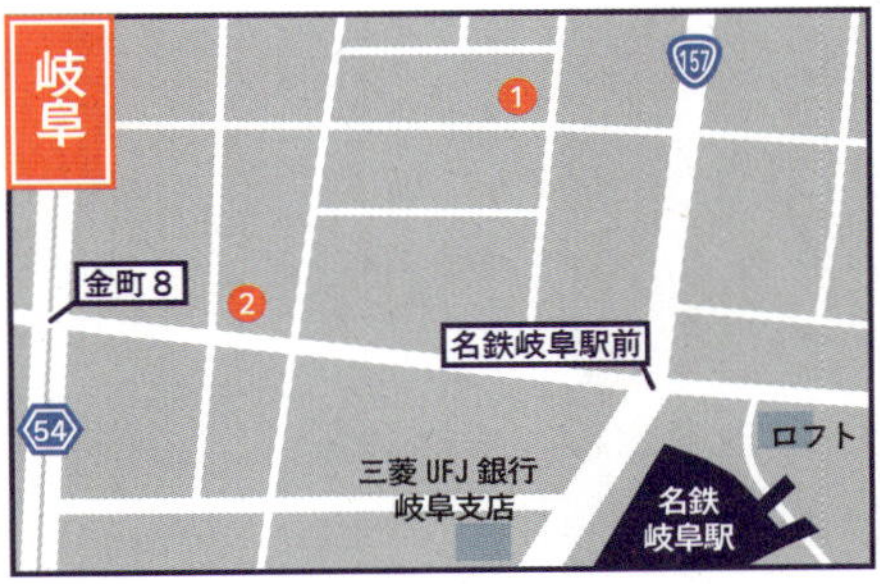

①エール エール ギフ（YELL!ALE!!GIFU） ②水谷

昼呑み一覧

まだ明るい時間から飲めるお店をご紹介。詳しい営業時間は各店舗にお問い合わせください。

割烹 みどり 052・241・0162
11:00〜

世界の山ちゃん 名駅西口店 052・451・5119
16:00〜(月〜金)、15:00〜(土日祝)

風来坊 伏見駅店 052・212・7399
11:30〜

風来坊 名駅センチュリー豊田ビル店 052・533・2677
15:30〜

風来坊 エスカ店 052・459・5007
11:00〜

風来坊 四軒家店 052・774・1136
11:30〜

チキンボーイ 052・732・3177
15:00〜(土)

お酒の神様 052・551・3431
13:30〜(月〜金)、12:00〜(土日)

純米酒専門YATA 名古屋KITTE店 052・433・2360
10:00〜

シガークラブ KANOU 052・231・5534
15:30〜

純米酒専門YATA 伏見店 052・201・3534
15:00〜

純米酒専門YATA 栄店FC店 052・253・8553
15:00〜

てり串 栄本店 052・242・0070
11:30〜

みのや北村酒店 052・722・0308
9:00〜(月〜金)、10:00〜(土祝)

佐野屋 052・991・8175
10:00〜(月〜土)、12:00〜(日)

立呑み 焼きとん大黒 金山店 052・683・5375
15:00〜

立呑み 焼きとん大黒 金山南口店 052・683・6690
15:00〜

立呑み 焼きとん大黒 名駅西口店 052・453・3077
15:00〜

立呑み 焼きとん大黒 笹島店 052・571・1266
16:00〜(月〜土)、15:00〜(日)

立呑み 焼きとん大黒 大須店 052・243・8210
14:00〜(月〜金)、11:00〜(土日祝)

焼きとん大黒 太閤通店 052・453・6188
15:00〜

焼きとん大黒 大須観音前店 052・212・2277
12:00〜

焼きとん大黒 鶴舞店 052・453・6188
15:00〜

立呑み魚椿 本店 052・453・8555
15:00〜

立呑み魚椿 栄店 052・243・5211
15:00〜

立呑み魚椿 柳橋店 052・586・2777
15:00〜

Y.MARKET BREWING KITCHEN 052·533·5151
15:00～(月～金)、11:30～(土日祝)

柳橋TERRACE 052·533·5330
11:30～

CRAFTBEER KEG NAGOYA 052·971·8211
11:30～(土日祝)

BEER BOUTIQUE KIYA 052·962·1471
12:00～

和み酒 鬼灯 052·453·4029
15:00～(日)

エノテカ・ラ・ルネッタ 052·265·5259
15:00～

天ぷらとワイン小島 052·561·2666
8:00～

天ぷらとワイン小島 2号店 052·201·5619
11:30～

天ぷらとワイン小島 伏見南3号店 052·212·1969
11:30～

鉄板ビストロ小島 052·581·2581
8:00～

Stan Dining やまびこ 052·262·4300
15:00～

名駅立呑 おお島 052·581·5575
15:00～(土)、13:00～(日祝)

栄立呑 おお島 052·252·2507
15:00～(土日)

すわりのおお島 052·564·0203
15:00～(土)、13:00～(日)

マンデイオフ 052·763·7636
15:00～(日祝・祝前日)

珍串 052·452·2588
10:30～

酒津屋 中店 052·951·1140
7:00～

酒津屋 東店 052·951·1130
10:00～

酒津屋 伏見店 052·231·9277
11:00～

炭火やきとりレアル grande 052·414·6270
11:00～

お燗とvinめし くいぜ 052·932·2322
16:00～(月～金)、14:00～(土)

醸しメシかもし酒糀や 052·561·0850
11:30～(土)

居酒屋 山葵(わさび) 052·221·9966
11:30～(月～木)

佐㐂(さき) 052·221·6425
11:30～

日の出寿し食堂 0586·24·5047
10:30～

立呑あさひ 電話番号なし
15:00～(月～金)、12:00～(土)

水谷 058·264·9368
15:00～(月～金)、13:00～(土)

一月家 0596·24·3446
14:00～

あとがき

前作の『名古屋の居酒屋』から、
今回『名古屋の酒場』とタイトルをマイナーチェンジしたのは
居酒屋というくくりには当てはめにくく
でも大好きな飲み屋がまだまだたくさんあって
そういう店も紹介したいという思いからでした。
いわば自分がより自信を持って薦められる
飲み屋情報の集大成をつくりたいと思ったのです。
ところが、取材を始めると何とも困ったことが起きました。
居酒屋から酒場へ、視野を少し広げて街へ出ると
よさげな雰囲気をぷんぷん匂わす酒場が
あっちにもこっちにも、それこそ数限りなくあるのです。
さらには酒飲みの友人や、酒場で出会った人からは
次から次に行ってみたい酒場の情報が入ってきます。
そうやって気になる店のすべてに足を運べられれば
それに越したことはないのですが、
残念なことに1人で巡るには時間も財布の中身も限られています。

そこで、リサーチでは自分の勘を頼りにのれんをくぐるしかない
と開き直ることにしました。
そんなわけで、取材における酒場選びの基準は
私の勘と好みでしかありません。
この本を手に取ってくれるような方なら
本には載っていない、でも素敵な酒場を必ず何軒かはご存知のはずで、
その店の数だけに「自分はこんな店も知っているぞ」と
にやにやしてもらえればと思います。
私の酒場取材もまだまだ道半ば。
これからもまたよき酒場と出会い、そのたびに
本の製作に間に合わなかったことを悔やみつつ
楽しみが増えたことに頬をゆるめたいと思います。
それでは皆さん、どこかの酒場でお会いしましょう。
いつの日か、名古屋の酒場で乾杯！

令和元年　十一月吉日　　大竹敏之

大竹敏之

名古屋在住のフリーライター。
雑誌、新聞、Webなどに名古屋情報を発信する。
著書に『名古屋の喫茶店完全版』
『名古屋めし』（共にリベラル社）『名古屋じまん』（ぴあ）
『コンクリート魂 浅野祥雲大全』（青月社）などがある。
Web連載はYahoo！ニュース
「大竹敏之のでら名古屋通信」など。
人生最高の一杯は野外フェスで
テント設営を終えた後のビール。

※本書に掲載したお店の情報は二〇一九年十月現在のものです。
これらの情報は変更される場合がありますのでご了承ください。

名古屋の酒場
二〇一九年十一月二十七日 初版

著者 大竹敏之
デザイン 平井秀和（ピースグラフィックス）
瀬川真矢（ピースグラフィックス）
写真 大竹敏之
地図 萩原正穂（アクト）
校正 池田梓
池田洋子
組版 渡辺靖子（リベラル社）
編集 伊藤光恵（リベラル社）
営業 青木ちはる（リベラル社）
編集部 堀友香・山田吉之・山中裕加・須田菜乃
営業部 津村卓・津田滋春・廣田修
澤順二・大野勝司・竹本健志
制作・営業コーディネーター 仲野進

発行者 隅田直樹
発行所 株式会社 リベラル社
〒460-0008
名古屋市中区栄3-7-9 新鏡栄ビル8F
TEL 052-261-9101
FAX 052-261-9134
http://liberalsya.com/

発売 株式会社 星雲社
〒112-0005
東京都文京区水道1-3-30
TEL 03-3868-3275

ISBN978-4-434-26601-0

DAI SAN SEI
YAKITORI
ODEN
SHINSAKAE

大賛成

magnetic field

炭焼専門店

世界の山ちゃん

炭火 BISTROT 本格焼酎酒房
モモガッパ

OSTERIA
LA オステリア・ラ・ルーナ
LUNA

くいぜ
お燗とvinめし
quize

BIERHAUS
Pilsen

どて焼き
島正

鳥勢

CHICKEN BOY
Beerhouse & yakitori

焼酎屋
バンカラ

満才

vocal inn
DONNA
LEE

炭火 やき鳥
きんぼし
YAKITORI ★ KINBOSHI

StanDining
やまびこ

BUTATAMA
MAJEUR
WINE

Belgian Beer & Slow Food
CAFE
LEMBEEK

本と酒
ANZAI COVERDOCK
安西コーブンドー

大江戸

やきとり 角屋

·f

炭焼肉 美奈登

大須亭
名古屋味処
名代備長炭やきとり
大須亭

木村屋
鉄板焼
お好み焼
もんじゃ焼

立ち呑み処 おとくや

呑み処
つかさ